JOGO DE BÚZIOS

Do autor:

As Águas de Oxalá

Òrun-Àiyé:
O Encontro de Dois Mundos

Mitos Yorubás:
O Outro Lado do Conhecimento

Dicionário Yorubá-Português

Histórias dos Candomblés
do Rio de Janeiro

JOSÉ BENISTE

JOGO DE BÚZIOS

Um Encontro com o Desconhecido

20ª EDIÇÃO

Rio de Janeiro | 2024

Copyright © 1999, José Beniste

Capa: Leonardo Carvalho

Editoração: DFL

2024
Impresso no Brasil
Printed in Brazil

CIP-Brasil. Catalogação-na-fonte
Sindicato Nacional dos Editores de Livros, RJ.

B415j	Beniste, José
20ª ed.	Jogo de búzios: um encontro com o desconhecido / José Beniste. – 20ª ed. – Rio de Janeiro; Bertrand Brasil, 2024.
	292p.
	Inclui bibliografia
	ISBN 978-85-286-0774-1
	1. Jogo de búzios. 2. Destino e fatalismo. 3. Candomblé – Rito e cerimônias. I. Título.
	CDD — 299.67
00-0767	CDU — 299.6.3

Todos os direitos reservados pela
EDITORA BERTRAND BRASIL LTDA.
Rua Argentina, 171 - São Cristóvão
20921-380 - Rio de Janeiro - RJ
Tel.: (21) 2585-2000

Não é permitida a reprodução total ou parcial desta obra, por quaisquer meios, sem a prévia autorização por escrito da Editora.

Atendimento e venda direta ao leitor:
sac@record.com.br

*"Para aquele que não crê, nenhuma explicação é possível;
para aquele que crê, nenhuma explicação é necessária."*

SUMÁRIO

Apresentação ~~~ 11
A língua yorubá ~~~ 15

1ª Parte: O Jogo de Ifá ~~~ 17
Os Odù no Jogo de Ifá ~~~ 19
Òrúnmìlà ~~~ 23
Èṣù na Consulta Divinatória ~~~ 25
Os 16 Odù Básicos do Sistema de Ifá e seus Sinais ~~~ 28
Correspondência entre os Odù do Jogo de Búzios e
    os Odù-Ifá ~~~ 30
Características dos Odù pelo Sistema de Ifá ~~~ 31
O Sistema de Divinização de Ifá ~~~ 61
O Jogo de Ifá com os 16 Ikin ~~~ 62
O Jogo do Ìbò ~~~ 64
O Ọ̀pẹ̀lẹ̀ de Ifá ~~~ 65
Os Objetos do Culto ~~~ 66
Os Odù Menores ~~~ 68
Ọṣẹ́tùwá ~~~ 69

Hierarquia ~~~ 70
Iniciação a Ifá ~~~ 71
Ifá – O Nome ~~~ 75
Resumo ~~~ 78
Notas ~~~ 80

2ª Parte: O Jogo de Búzios ~~~ 85
Explicações Necessárias ~~~ 87
Histórico ~~~ 90
Equivalência entre as Divindades ~~~ 94
Bámgbósé ~~~ 96
O Búzio ~~~ 98
Os Odù no Jogo de Búzios ~~~ 100
Distribuição dos Caminhos entre os Odù do
   Jogo de Búzios ~~~ 103
O Jogo de Búzios e suas Transformações ~~~ 104
Características dos Odù no Jogo de Búzios ~~~ 106
Os Caminhos de Odù no Jogo de Búzios ~~~ 146
Interpretação dos Caminhos de Odù ~~~ 148
A Numeração dos Odù – O que Representam ~~~ 154

3ª Parte: Jogos Complementares ~~~ 155
Os Òrìsà no Jogo de Búzios ~~~ 157
Considerações sobre as Características dos Òrìsà ~~~ 161
O Òrìsà Secundário ~~~ 162
Tendências que os Òrìsà Oferecem –
   O que Falam no Jogo ~~~ 163
Èwò – Os Tabus Religiosos ~~~ 174

Síntese Geral das Tendências que os Odù Oferecem
   Durante o Jogo para uma Consulta Rápida ~~~ 178
O Jogo de 4 Búzios ~~~ 183
O Jogo do Ìbò ~~~ 185
Como Fazer o Jogo do Ìbò ~~~ 186
Éjìonílẹ̀ e Òfún ~~~ 188
Energia – O Jogo Feito pela Data do Nascimento ~~~ 189
O Jogo do Obì ~~~ 192
Análise Psicológica do Consulente ~~~ 196
Notas ~~~ 200

4ª PARTE: Parte Prática ~~~ 203
Orientação ~~~ 205
Observações para Quem Joga ~~~ 207
Observações sobre o Jogo – As Rezas ~~~ 211
Observações sobre as Jogadas ~~~ 217
Um Modelo de Jogo Básico por Odù ~~~ 220
Análise do Jogo ~~~ 222
Um Modelo de Jogo com 6 Jogadas ~~~ 224
Análise do Jogo ~~~ 226
Observações sobre os Odù durante um Jogo ~~~ 228
Combinações dos Odù nas Jogadas ~~~ 230
Como Dar Caminho ao Odù ~~~ 234
O Ẹbọ Odù ~~~ 239
Religião e Magia nos Ritos de Ẹbọ ~~~ 241
Novas Explicações ~~~ 243
Observações sobre a Feitura do Ẹbọ ~~~ 244

Oferendas ~~~ 246
Os Elementos Utilizados no Ẹbọ ~~~ 261
Cânticos e Rezas de Ẹbọ ~~~ 264
Notas ~~~ 270

COMPLEMENTO ~~~ 273
Comentário Crítico ~~~ 275
Um Equívoco Literário ~~~ 277
Os Candomblés do Rio Antigo ~~~ 279
A Confusa Ligação com o *Àṣẹ Òpó Àfọ́njá* ~~~ 281
Os Relatos de Odù ~~~ 284
O Legado Deixado por Verger ~~~ 285
Resumo ~~~ 287
Bibliografia ~~~ 290

APRESENTAÇÃO

A iniciativa deste trabalho objetiva registrar as informações colhidas ao longo do tempo junto às comunidades de Candomblé, para um entendimento mais claro do seu universo religioso. O processo divinatório é um dos mais importantes núcleos de trabalho, é nele que tudo se inicia e assume a posição reveladora das determinações do plano divino aos seus seguidores.

Houve época em que uma mesa de jogo era procurada apenas por pessoas desejosas de conhecer o seu plano de vida estabelecido e sabê-lo em concordância com os desígnios do plano divino. Nos dias atuais, o interesse se concentra em saber também como se joga e conhecer todo o seu procedimento. Isso gerou uma série de transformações, criações, fórmulas mágicas de aprendizado em cursos onde não se busca saber o principal: se existe um dom natural nas pessoas para o desenvolvimento de suas aptidões.

O jogo de búzios instituído no Brasil obedeceu a um sistema prático para uma cultura ainda em formação na época. Essa idéia surgiu ao tempo da organização do candomblé do Engenho Velho, em Salvador, Bahia, quando *Iyá Nàsó* e sua gente iniciaram uma linha de trabalho religioso para manter vivas as crenças ancestrais africanas. Naquela época, 1830, eram raros os que tinham a função do jogo.

O crescimento do candomblé obrigou seus dirigentes a terem uma função dupla – de zelador(a)-de-santo e de oráculo. O que antes era a característica de apenas alguns, hoje é de todos. Esse fato gerou inúmeras modificações no sistema original pela falta de uma atividade iniciática. Atualmente, numa mesa de jogo, são encontrados cartas ciganas, cristais, runas, ou um baralho de tarô. Isso sugere que o olhador(a) é especialista em outros métodos de consulta e não conhece os búzios como deveria; se conhece, não tem a devida segurança, sendo necessário apoiar-se em outros sistemas de adivinhação. Com isso criaram-se regras para se descobrir o *òrìṣà* da pessoa sem o uso dos búzios, identificando-os com os desenhos sugeridos pelas cartas do tarô ou equivalentes.

Em 1978, quando de minha participação no *Àṣẹ Òpó Àfọ̀nja,* eu sempre era distinguido pela sua dirigente, Cantulina de *Ṣàngó,* para ouvi-la contar histórias do seu passado. Nascida em 1900, iniciada por Mãe Aninha, tinha muito a revelar sobre o tempo em que ela e seus irmãos se reuniam. Costumava mostrar-me documentos antigos e cartas, confiando a mim a ordenação de todo o material. Foi nessa época que me entregou um trabalho, incumbindo-me da tarefa de transcrevê-lo de forma legível, pois havia sido escrito à pena e tinteiro, numa linguagem antiga e já corroída pelo tempo. Era um tratado sobre o jogo dos búzios com o significado dos Odù, cuja origem remontava ao *Àṣẹ Bámgbóṣé.*

Tive a oportunidade de reescrever tudo, mantendo a linguagem original da época. Verifiquei a falta de algumas histórias referentes aos caminhos de Odù a serem analisados. Recorri ao *irmão-de-àṣẹ* Amauri de *Òṣàlá,* que, por razões familiares com o Àṣẹ de Bamgboṣe, dispunha do mesmo material. Completei o trabalho e o devolvi em forma de caderno com textos mais legíveis. Uma cópia do trabalho me foi destinada para estudo e uso como melhor me conviesse, pois sabia a *Ìyálórìṣá* do meu gosto pelo assunto.

Esse tratado revela o sistema de jogo de búzios elaborado de forma prática com as histórias de todos os caminhos, sem os complexos 256 Odù de Ifá e fontes mitológicas africanas, estranhas à nossa cultura. Esta obra ora apresentada baseia-se neste sistema cujas casas tradicionais do eixo Rio-Salvador adotam, e que nós denominamos de *Sistema Bámgbósé*, por ser deste Àṣẹ a origem do tratado.

Os primeiros candomblés no Brasil eram dirigidos por mulheres, tornando-se a modalidade do jogo de búzios a ideal por poder ser utilizada por mulheres, ao contrário do Ifá e do Ọ̀pẹ̀lẹ̀, que só podiam ser usados por homens. Esse assunto será comentado mais adiante juntamente com as modalidades de jogo surgidas que se utilizam dos Odù.

Na 1.ª parte deste livro, fazemos uma análise superficial do sistema de Ifá adotado na África, e sua forma de consulta. A análise dos Odù é feita através da divisão de atributos, posicionamento e proibições. Vamos verificar que alguns Odù se correspondem devido à igualdade dos nomes dos Odù dos búzios, enquanto outros não. Em seguida apresentamos o sistema dos búzios, com as características dos Odù e seus caminhos.

Dedicamos uma parte do livro a mostrar a relação do jogo de búzios com a numerologia da data de nascimento do consulente, técnica essa bastante difundida e analisada pelo lado da Energia, sem que com isso estejamos endossando essa forma de jogar que foge totalmente às características tradicionais. Os que defendem o seu uso revelam um grande poder intuitivo e confiança na sensibilidade individual.

Na última parte, fazemos referência à parte prática do jogo, analisando suas etapas. São consideradas as situações clássicas do jogo através dos tempos, experiências pessoais e informações de olhadores que tiveram resultados positivos em suas experiências. Procuramos desenvolver o nosso trabalho em torno de tudo que ocorre numa mesa de jogo por se tratar de um local mágico e de grande força, principalmente pela energia desprendida por quem joga e por quem consulta. Há, nesse momento, uma projeção de vontades que impulsiona as verdades desejadas para as respostas.

Quanto aos cânticos de Ẹbọ, todos têm a sua musicalidade definida, ficando o autor à disposição para revelar a forma correta de cantá-las.

A LÍNGUA YORUBÁ

Como sempre, adotamos a forma original de algumas palavras escritas no idioma yorubá, principalmente os cânticos e recitações, por ser dessa maneira que elas são entoadas nas casas de candomblé. Trata-se de uma forma de incentivo a seu aprendizado, questão fundamental para um melhor conhecimento da religião. Damos algumas explicações sobre o modo de pronunciá-las.

1 – Os acentos superiores não devem ser entendidos como os acentos em português. Eles indicam o tom certo a ser dado na pronúncia: acento agudo, tom alto; acento grave, tom baixo; sem acento, voz normal.

2 – Letras que se utilizam de um ponto embaixo:
Ọ – tem o som de ó　　O – tem o som de ô
Ẹ – tem o som de é　　E – tem o som de ê
Ṣ – tem o som de x　　S – tem o som de s

3 – As vogais nasais utilizam o N para dar o som nasal:
AN – tem o som de ôm　　ỌN – tem o som de ôm
ẸN – tem o som de êm　　UN – tem o som de um
IN – tem o som de im

4 – As vogais finais, antecedidas por M ou N, são nasalisadas, como se tivessem um M no final. Para facilitar a pronúncia, em alguns textos colocamos um N entre parênteses, apenas para lembrar o fato.

5 – As demais letras têm os seguintes sons:
P – tem o som de kp   H – é aspirado, não é mudo
J – tem o som de dj   GB – ler junto as duas sílabas
W – tem o som de u   G – é gutural

6 – As palavras em yorubá, inseridas nos textos, não seguem a concordância gramatical com a nossa língua em gênero, número e grau.

1.ª Parte

O Jogo de Ifá

OS ODÙ NO JOGO DE IFÁ

O método mais famoso de predição do povo yorubá é denominado IFÁ. São utilizados 16 coquinhos de palmeira devidamente selecionados e denominados IKIN; uma bandeja de madeira, de forma arredondada ou retangular, chamada ỌPỌ́N, onde é colocado um pó amarelado – ÌYẸ̀RÒSÙN. Cada odù encontrado no jogo possui sinais particulares que são riscados na bandeja – ÈTÌTẸ̀ ALẸ̀, consistindo esses sinais do Odù a mensagem de Ọ̀rúnmìlà.

Abaixo, relacionamos os 4 principais ODÙ IFÁ e seus respectivos sinais:

```
1 – ÉJÌ OGBÈ   2 – ÒYẸ̀KÚ MÉJÌ   3 – ÌWÒRI MÉJÌ   4 – ÒDÍ MÉJÌ
   I  I           I I   I I         I I   I I         I     I
   I  I           I I   I I         I       I       I I   I I
   I  I           I I   I I         I       I       I I   I I
   I  I           I I   I I         I I   I I         I     I
```

Os ODÙ podem atingir um total de 256 posições, sendo que para cada uma delas existem centenas de poemas (ẸSẸ), que deverão ser recitados pelo BÀBÁLÁWO. As mensagens são transmitidas habitualmente por parábolas, cabendo então a devida interpretação: "ÒWE NI IFÁ IPA ÒMÒRÀN NI ÍMÒ Ó" (Ifá fala sempre por parábolas; sábio é aquele que sabe entendê-las).

As parábolas versam sobre casos de como eram certas figuras mitológicas – homens, mulheres, animais, pássaros ou plantas – como reagiram diante de diversas situações e quais os resultados de suas ações. Em outras palavras, as histórias ou mitos representam as experiências das pessoas que viveram no passado e as deduções que puderam ser tiradas para enfrentar as indagações da situação em questão. Assim, o registro de acontecimentos primordiais foi encerrado naquilo que chamamos de ODÙ como forma de preservação e exemplos futuros. Durante uma consulta, o ODÙ surge como símbolo-resposta às indagações.

Como exemplo, vamos examinar a narrativa de um poema do *Odù Òsá Méjì*, para depois interpretá-lo e compreender a mensagem que ele traz:

Contam que certa vez ocorreu um conflito entre *Òsàlá* e as *Àjé*, causado por *Yemòó*, esposa de *Osàlá*. Certo dia, ela foi buscar água no rio das *Àjé*, as feiticeiras, em virtude da escassez de água na região devido à seca. Em razão disso, todos os habitantes da região fizeram seus próprios lençóis d'água separadamente. Mas o de *Yemòó* secou e ela se dirigiu ao rio das feiticeiras. Como estava em seu ciclo menstrual, lavou suas partes íntimas no rio, que ficou com as águas sujas de sangue. Quando as feiticeiras foram ao rio para beber água, encontraram a superfície da água vermelha. Perguntaram então a *Èluùlú*, que estava lá como vigia, quem poluíra a água. Ele respondeu que havia sido *Yemòó*, depois que ela acabara de beber água. As feiticeiras perguntaram se ela havia se cortado. O pássaro disse que não, que o sangue era proveniente de suas partes íntimas. As feiticeiras foram então à casa de Òṣàlá e levaram o seu pássaro *Èhurù*. Comunicaram o fato a Òṣàlá, que insistiu que sua esposa nada fizera de mal. Então o pássaro *Èhurù* sibilou o seu assovio e disse que tanto *Oṣàlá* como *Yemóò* deveriam ser devorados. E as feiticeiras assim o fizeram. *Eegun*, assistindo a tudo, partiu com o chicote na mão para vingar-se. E o pássaro *Èhurù* repetiu que *Eegun* deveria também ser devorado. E assim foi feito. *Orò*, uma divindade yorubá, também tentou ajudar, mas foi devorado da mesma forma. *Ọ̀rúnmìlà*, tomando conhecimento do que acontecera, foi consultar Ifá, que solicitou a feitura de um prato de *èkuru* e um pouco de *àtè*, uma espécie de resina usada para agarrar pássaros. Tudo foi colocado na porta de entrada e na porta dos fundos de *Ọ̀rúnmìlà*. Não demorou muito e as feiticeiras surgiram em forma de pássaros voando na direção da casa de *Ọ̀rúnmìlà*, que, ao vê-las, correu para dentro para se esconder. Tão logo elas chegaram na porta e viram pratos de *èkuru*, esqueceram-se de *Ọ̀rúnmìlà* e começaram a comer, ficando suas asas presas ao solo com a goma do *àtè*. Assim que viu isso, *Ọ̀rúnmìlà* pegou um pau e matou-as, libertando primeiro aqueles que haviam sido devorados por elas.

Essa história retrata:

1) *Ọ̀rúnmìlà* representando o babaláwo com a tarefa de atender todos os casos de ajuda com pleno conhecimento da função;

2) Pela posição que assume como porta-voz e defensor de todos, deve saber se resguardar diante dos ataques das *Àjẹ́*;

3) A oposição declarada das *Àjẹ́* aos seres humanos não poupa

nenhuma pessoa, por mais importante que ela seja. Os òrìṣà nesta história têm esta representação;

4) A importância da oferenda feita de forma inteligente.

Interpretação do jogo:

1) Ifá diz que há um ataque iminente de pessoa maldosa para quem Ọ̀sá Méjì aparecer no jogo;

2) Uma mulher ofendeu a pessoa, criando um problema sério;

3) Haverá ajuda, mas com poucos resultados positivos;

4) Todos os membros da casa do cliente deverão contribuir para uma obrigação a ser feita, que deverá ser feita do lado de fora da casa.

Elementos do ẹbọ:

Intestinos de uma cabra e azeite-de-dendê, que substitui o sangue, oferenda principal que se oferece nos casos de feitiçaria.

~~~ ÒRÚNMÌLÀ ~~~

É uma das divindades primordiais que acompanharam ÒRÌ-SÀNLÁ na criação do mundo nagô. Uma das mais importantes divindades do povo yorubá, representa o princípio da sabedoria. Interpreta os desejos de *Olódùmarè*, a Divindade Suprema, e os transmite através das diversas práticas divinatórias. O jogo dos búzios é um dos elementos de transmissão das ordens divinas, e *Òrúnmìlà* o seu intérprete por excelência. Conhece todos os gostos e proibições (ÈWÒ); todas as folhas litúrgicas e medicinais (EWÉ); decide as oferendas e sacrifícios (ẸBỌ); revela as características dos destinos (ODÙ); e o ÒRÌṢÀ pessoal de cada um (ẸLÉDÁ).

Òrúnmìlà também é conhecido pelo nome de IFÁ, que define o sistema de jogo e os instrumentos divinatórios que lhes são atribuídos. Em face disso, sua saudação é esta:

ÒRÚNMÌLÀ BÀBÁ IFÁ!

A importância de *Òrúnmìlà* pode ser devidamente avaliada através dos seguintes títulos e designativos:

GBÀYÉ GBỌ́RUN – aquele que vive tanto na terra como no céu

ẸLẸ́RÌÍ ÌPÌN – testemunha dos destinos

ALÁTÚNṢE AÌYÉ – o que coloca o mundo em ordem

ÒKITÌBÌRÍ APA ỌJỌ́ IKÚ DÀ – o que altera a data da morte

AFÈDÈFẸ̀YỌ̀ – mestre do dialeto de Ọyọ e de outras línguas

AKÉRÉ FINÚ ṢOGBỌ́N – homem pequeno com mente cheia de sabedoria

ÀGBỌNNÍRẸ̀GÚN – o coco (*ikin*) que nunca será esquecido

Segundo as tradições, *Ọ̀rúnmìlà* esteve presente quando o universo foi criado por *Olódùmarè*, e assim explica-se o seu conhecimento que transcende todo o tempo, seja presente, passado, futuro, e o espaço. Foi testemunha da escolha do destino por parte de cada pessoa, daí a necessidade de sempre se ir a *Ọ̀rúnmìlà* para se descobrir o próprio destino e seu caminho. Ele tem todas as respostas para os problemas humanos, sendo também o porta-voz de todos os demais *Òrìṣà**.

---

* Ver *Ọ̀run-Àìyé* – *O Encontro de Dois Mundos*, José Beniste, Rio de Janeiro, Bertrand Brasil, 1998, p. 95.

ÈṢÙ NA CONSULTA DIVINATÓRIA

Apesar de profunda sabedoria, conhecimento e autoridade de Ọ̀rúnmìlà, às vezes ele fica na dependência do poder de Èṣù, por ser este o GUARDIÃO DO ÀṢẸ́, representação da autoridade e do poder divino com o qual Olódùmarè criou o Universo e manteve suas leis físicas. Èṣù é, certamente, a divindade mais chegada a Ọ̀rúnmìlà, mas o seu relacionamento nem sempre é cordial, isso porque Èṣù, como fiscalizador universal, é imprevisível e não pode, por conseqüência, ser aliado permanente de alguém.

Èṣù é o poder responsável que leva todos os sacrifícios e oferendas para as divindades, embora alguns mitos revelem que é a sua mulher – AGBÈRÙ – quem os recebe para entregar depois a ele. Èṣù só não transporta oferendas para Deus – Olódùmaré –, pois os yorubás acreditam que Ele não pode ser influenciado por oferendas, daí o dito "Tani le f'Olódùmaré lẹbọ?" (Quem ousa oferecer sacrifícios a Olódùmarè?).

O que é prometido deve ser cumprido. Èṣù premia ou pune aquele que realiza o sacrifício e o que deixa de fazê-lo. Sobre isso diz-se: "Ẹni ó rúbọ l'Èṣù gbè" (Èṣù apóia somente aqueles que ofereceram o sacrifício).

O Èṣù do jogo é denominado de ÈṢÙ AKẸ́SAN e deve ser devidamente assentado. Alguns títulos e designativos revelam a sua função no transcorrer dos ritos:

ÈṢÙ ELÉBO – o dono e o regulador das oferendas (ẹbọ)

ÒJÍṢẸ ẸBỌ – mensageiro das oferendas

ẸLẸ́RÙ – senhor dos carregos (erù)

ÒṢẸ́TÙWÁ – odù dos carregos

ÈṢÙ ỌLÓBE – o dono da faca que esconde sob seus cabelos

ÈṢÙ ỌLỌ́NA – o senhor de todos os caminhos

ẸNÚGBARIJO – boca coletiva (princípio da comunicação)

Ọrúnmìlá utiliza-se do ÀṢẸ de *Èṣù*, do seu poder e de suas funções acima relacionadas, para atuar e se expressar.

Em um dos *Oriki* de *Èṣù*, destacamos alguns trechos para verificar como se processa sua atuação:

1 – Èṣù òta òrìṣà	1 – Èṣù inimigo dos òrìṣà
2 – Òṣẹ́tùwá ni orukọ Bàbá mọ̀ ọ́	2 – Òṣẹ́tùwá é o nome que o Pai o chama
3 – O lé ṣonṣó sí ẹsẹ̀ ẹlẹ́sẹ̀	3 – Ele que senta no pé das pessoas
4 – A kìì lọ́wọ́ láì mú ti Èṣù kúrò	4 – Aquele que tem dinheiro dá uma parte para Èṣù

5 – *A kìì láyọ̀ láì mú ti Èṣù kúò*

6 – *Èṣù àpáta sọmọ ọlọ́mọ lẹ́nu*

7 – *O fi okúta dípò iyọ̀*

8 – *Ọlọ́pa Olódùmarè lailai*

9 – *Epo l'ẹ̀rọ̀ Èṣù*

10 – *Oníbòdè Ọlọ́run*
11 – *Tani o gbà ẹbọ?*
12 – *Èṣù ni yio gbà ẹbọ wa*

13 – *Èṣù gbe ẹni se ẹbọ l'ore o*

14 – *Èṣù bọ̀ wá ba wa ré ìkóríta*

15 – *Ọba ló ni òpó*
16 – *Èṣù Ọ̀dàrà ló ni ìkóríta méta*

17 – *Jẹ́ a mú àṣẹ bọ̀ ìkóríta o*

5 – Aquele que tem felicidade dá uma parte para Èṣù

6 – Èṣù faz uma pessoa falar o que não deseja

7 – Ele usa pedra em vez de sal

8 – O fiscal de Olódùmarè desde tempos imemoriais

9 – O azeite-de-dendê acalma Èṣù

10 – O porteiro de Ọlọ́run
11 – Quem recebe o nosso ẹbọ?
12 – É Èṣù que receberá o nosso ẹbọ

13 – Èṣù apóia a pessoa que faz o ẹbọ bem feito

14 – Èṣù venha, acompanhe-nos até a encruzilhada

15 – O rei faz uso do trono
16 – Èṣù faz uso da encruzilhada

17 – Permita que voltemos da encruzilhada com àṣe

OS 16 ODÙ BÁSICOS DO SISTEMA DE IFÀ E SEUS SINAIS

1 – ÉJÌ OGBÈ
I   I
I   I
I   I
I   I

2 – ÒYÈKÚ MÉJÌ
I I   I I
I I   I I
I I   I I
I I   I I

3 – ÌWÒRI MÉJÌ
I I   I I
I   I
I   I
I I   I I

4 – ÒDÍ MÉJÌ
I   I
I I   I I
I I   I I
I   I

5 – ÌRÒSÙN MÉJÌ
I   I
I   I
I I   I I
I I   I I

6 – ÒWÓNRÍN MÉJÌ
I I   I I
I I   I I
I   I
I   I

7 – ÒBÀRÀ MÉJÌ
I   I
I I   I I
I I   I I
I I   I I

8 – ÒKÀNRÀN MÉJÌ
I I   I I
I I   I I
I I   I I
I   I

9 – ÒGÚNDÁ MÉJÌ
```
 I   I
 I   I
 I   I
I I I I
```

10 – ÒSÁ MÉJÌ
```
I I I I
 I   I
 I   I
 I   I
```

11 – ÌKÁ MÉJÌ
```
I I I I
 I   I
I I I I
I I I I
```

12 – ÒTÚRÚPÒN MÉJÌ
```
I I I I
I I I I
 I   I
I I I I
```

13 – OTÙWÁ MÉJÌ
```
 I   I
I I I I
 I   I
 I   I
```

14 – ÌRẸTẸ̀ MÉJÌ
```
 I   I
 I   I
I I I I
 I   I
```

15 – ÒṢẸ́ MÉJÌ
```
 I   I
I I I I
 I   I
I I I I
```

16 – ÒFÚN MÉJÌ
```
I I I I
 I   I
I I I I
 I   I
```

CORRESPONDÊNCIA ENTRE OS ODÙ DO JOGO DE BÚZIOS E OS ODÙ-IFÁ

BÚZIOS	IFÁ
1 – ÒKÀNRÀN	8 – ÒKÀNRÀN MÉJÌ
2 – ÉJÌ ÒKÒ	12 – ÒTÚRÚPÒN MÉJÌ
3 – ẸTÀ ÒGÚNDÁ	9 – ÒGÚNDÁ MÉJÌ
4 – ÌRÒSÙN	5 – ÌRÒSÙN MÉJÌ
5 – ÒṢẸ́	15 – ÒṢẸ́ MÉJÌ
6 – ÒBÀRÀ	7 – ÒBÀRÀ MÉJÌ
7 – ÒDÍ	4 – ÒDÍ MÉJÌ
8 – ÉJÌ ONÍLẸ̀	1 – ÉJÌ OGBÈ
9 – ÒSÁ	10 – ÒSÁ MÉJÌ
10 – ÒFÚN	16 – ÒFÚN MÉJÌ
11 – ÒWÓNRÍN	6 – ÒWÓNRÍN MÉJÌ
12 – ÈJÌLÁ ṢẸBỌRA	3 – ÌWÒRÌ MÉJÌ
13 – ÉJÌ ỌLÓGBỌN	2 – ÒYẸ̀KÚ MÉJÌ
14 – ÌKA	11 – ÌKA MÉJÌ
15 – ÒGBEGÚNDÁ	14 – ÌRETÈ MÉJÌ
16 – ÀLÀÁFÍÀ	13 – OTÙWÁ MÉJÌ

CARACTERÍSTICAS DOS ODÙ PELO SISTEMA DE IFÁ

1 – ÉJÌ OGBÈ

Síntese – É considerado o mais velho, pai e chefe de todos os Odù. Como todo *Odù Agbà*, recebeu a incumbência de administrar uma parte do Universo.

Posição – Ele é o Oriente e simboliza o princípio Masculino.

Atribuições – Comandar a vida, conservar o planeta e assegurar as colheitas. Dele dependem o fluxo dos rios, as chuvas, o mar, as montanhas e a terra firme.

Corpo Humano – É o senhor da respiração, tem o domínio da coluna vertebral, dos ossos, que são o sustentáculo do corpo, e dos vasos sangüíneos, excluindo o sangue, cujo domínio é de *Ọ̀sá Méjì*. É o dono da cabeça dos homens e dos animais, e do maxilar inferior.

Regência – Senhor de tudo que acontece no período diurno. Rege a abóbada celeste e as horas de luminosidade. É o dono do Sol.

Divindades – Um laço une as grandes divindades *Ọbàtálá, Odùdúwa, Ṣàngó Aganjú, Ṣànpọ̀nná, Ògún Já, Oròminá, Òṣùmàrè.*

Animais – *Léke-léke,* o elefante, o abutre, o cão.

Folhas – *Tẹ́tẹ́, ògẹ̀gẹ́, ìrònje, ọ̀dundún.*

Cores – Embora prefira o branco, possui também todas as outras cores, pela sua qualidade de pai dos Odù.

Proibições – Vinho de palma, comer ẹkọ enrolado em folha de *iyá,* carne de leopardo, cachorro, elefante, do pássaro *ọpẹrẹ,* do roedor *agídígbàwun,* de hipopótamo, aves de rapina *honsu-honsu* e do abutre. O galo é proibido a todos os Odù.

Observações – Estão sob sua proteção os brancos, albinos e sararás. Suas oferendas são feitas durante o dia, com a presença da Lua. Nenhum outro Odù pode suplantar *Ejí Ogbè,* salvo *Òyẹ̀kú Méjì,* pois só a morte pode fazer frente à vida.

2 – ÒYÈKÚ MÉJÌ

Síntese – É essencialmente o oposto de *Éjì Ogbè*, ou, como preferem alguns, o seu complemento. Ele representa a Noite e a Morte. Quando *Òyèkú Méjì* veio à terra, a morte ainda não existia. Foi *Òyèkú* que a introduziu, dele dependendo o destino das almas desencarnadas e suas subseqüentes reencarnações.

Posição – Representa o Oeste e o princípio Feminino.

Atribuições – Ocupa-se do culto fúnebre e um pouco da guerra. A ele compete invocar os espíritos após a morte para se manifestarem e também todas as obrigações que se fazem a *ìkú*, a morte. Pouco depois de sua chegada à terra, começou a chover torrencialmente. Em meio ao aguaceiro, caíram peixes do céu, que os cursos d'água levaram para uma lagoa. Foi *Òyèkú* que ensinou os homens a comê-los. Foi esse Odù que trouxe ao mundo não só os peixes, mas também o couro do crocodilo, o focinho do hipopótamo, o chifre do rinoceronte e todos os animais de pêlo e de penas que habitam a noite.

Corpo Humano – É o dono do maxilar superior.

Regência – Rege a abóbada celeste nos períodos de crepúsculo e da noite. Tem o domínio sobre as nodosidades das árvores e os nós das cordas. É quem possui a Lua.

Divindades – *Odù Iyá Àgbà, Egúngún, Abikú* e outros.

Animais – Peixes, animais de pêlo e de penas, noturnos.

Folhas – T̟ét̟ȩ, ewé egbo, o̟sàn, wę́wę́, etípo̟nlá e àgbáyun.

Cores – A cor de Ò̟yè̟kú é a negra.

Proibições – Todas as coisas que já tenham sido encontradas mortas. As aves *honsu-honsu* e o abutre, gatos e cães, o hipopótamo, as serpentes, o antílope, galo, boi etc. Beber vinho de palma, usar roupa vermelha, utilizar espinhos madeira e flores de plantas espinhosas em oferendas.

Observações – Ò̟yè̟kú tem afinidade com a agricultura. As pessoas desse Odù são ótimas camponesas devido a seu poder sobre a terra. Esse Odù adora presentes de acordo com a Lua.

3 – ÌWÒRÌ MÉJÌ

Síntese – É o segundo filho de *Éjì Ogbè* e *Òfún*, logo atrás de *Òyèkú*.

Posição – Representa o Sul. É um Odù masculino.

Atribuições – Foi através de *Ìwòrí* que se introduziram no mundo a prática da decapitação e a adoção do regime alimentar carnívoro.

Corpo Humano – Rege os braços e as pernas.

Regência – Sob este Odù vieram ao mundo os animais que caçam à noite na floresta, as bestas ferozes da savana, sobretudo a hiena e o leão.

Divindades – Um elo liga-o às divindades *Ògún, Òṣàlá, Ìrókò* e *Ìworó* (os Ibeji da floresta).

Animais – Os animais noturnos.

Folhas – Suas folhas favoritas são *wèrèpèpé* e *ìjàn*.

Cores – Marrom-avermelhado.

Proibições – Todo animal morto ou morto por decapitação, o antílope *àgbònrín* ou *ìgalà*, uma espécie de papagaio verde. A hiena, galo, gato, cão, a pasta *ajagbe*, feita de folhas de feijão, farinha de milho e vinho de palma. Por fim, o elefante, interdito comum a todos os Odù maiores, e carne de leopardo.

4 – ÒDÍ MÉJÌ

Síntese – *Òdí* representa a mulher, assim como *Ọ̀sá, Ọ̀ṣẹ́ Òtúrúpọ̀n* e *Òfún*. Ele ensinou aos seres humanos a prática do sexo. Por esses dois motivos, existe uma estreita relação entre *Òdí* e as *Ìyámi*. A impureza das mulheres faz com que elas se inclinem naturalmente para a feitiçaria.

Posição – Corresponde à posição Norte e completa os 4 pontos cardiais. É feminino.

Atribuições – Ocupa-se dos partos, ensinando as mulheres a ficarem agachadas neste momento. Por extensão ele também está ligado ao nascimento dos gêmeos. Dessa forma, *Òdí* é responsável, em menor grau que *Ọ̀kànràn*, pelos gêmeos e por todos os macacos que a estes são consagrados.

Corpo Humano – Rege o *Ìdí* (ânus), as nádegas, o uso sexual que se faz delas, o hábito de se copular tanto pela frente como por detrás, e tudo que diz respeito aos órgãos genitais da mulher.

Regência – Sob este Odù se introduziram no mundo as mulheres, todas as margens das porções d'água, que se consideram como tendo sido separadas umas das outras como os lábios. É o dono da cova, tendo sido ele quem ensinou a cavar.

Divindades – Está ligado a todas as *Àyaba*, às *Ìyámi*, aos *Ibéji* e aos *Abiku*.

Animal – Macaco.

Folhas – Suas folhas principais são *akòko, ètìpónlá*.

Cores – Gosta do preto e do estampado, amarelo e vermelho.

Proibições – Tudo o que se oferece às *Àyaba* e a *Òṣùmàrè*, coelho, lebre, macaco, tudo o que é gêmeo, leopardo, hiena, leão, elefante, boi, *igi iyá, pèrègún* e *òtílí*.

Observações – Indica caminhos de fatalidade. Quem é de *Òdí* não deve acompanhar enterro.

5 – ÌRÒSÙN MÉJÌ

Síntese – É um Odù muito forte e terrível. Traz a idéia de mal-estar, de miséria, de derramamento de sangue. Foi ele que deu a este mundo a espada de *Ògúndá* para que possam os Senhores deste mundo correr sangue sobre a terra.

Posição – É um Odù do fogo e masculino.

Atribuições – Criou o macaco *Ìjímeré*, o *osùn* (cuja cor evoca o sangue), a regra das mulheres, o pássaro *Àlùkò*, de penas vermelhas. A falsidade depende de *Òyèkú* e de *Òtuá*, que é a mãe da mentira, cujo pai é o roubo, de *Ògúndá*, que representa a astúcia dos caçadores, enquanto *Ìròsùn* mente, engana para poder derramar sangue, prescindindo do uso da espada.

Corpo Humano – Comanda as regras das mulheres.

Regência – Comanda todas as cavidades e orifícios da terra, sendo esta sua maior atribuição. Criou as fossas mortuárias, e é propriamente a morte.

Divindades – Tem correspondência com *Yemọja, Ògún, Nàná, Òṣàlá, Ṣàngó, Òṣùmàrè, Ọṣun*.

Folhas – As folhas principais são *Ológùn, Ṣẹṣẹ̀* e *Òrúrú*.

Cores – Sua cor favorita é o vermelho, que simboliza o sangue, a doença, o acidente, a cólera, o fogo, a destruição, o perigo em todas as formas.

Proibições – Tudo o que é vermelho, a pena *odídẹrẹ́*, o *òsun* etc. Evitar relações com mulheres que usam rouge. Jamais devem ser iniciados como filhos de *Ṣàngó* ou de *Ọbalúwáiyé*, pois esses dois *òrìṣà* exigem fundamentos de coisas vermelhas.

Observações – Quando aparece na consulta, deve-se pegar rápido o *ẹfun* e tocá-lo 3 vezes nas pálpebras. É um Odù perigoso, que faz sofrer cruelmente e, no sofrimento, o olhar se avermelha. Todos devem fazer isso.

6 – ÒWÓNRÍN MÉJÌ

Síntese – O parentesco que este Odù possui com algumas divindades lhe dá considerável poder maléfico. É um Odù dos mais perigosos.

Posição – É o subchefe de Òyèkú, a morte, durante a noite, e de Ogbè, a vida, durante o dia. É um Odù feminino.

Atribuições – Introduziu no mundo os rochedos e os montes, as mãos e os pés dos seres humanos, e as cólicas das mulheres.

Corpo Humano – É um Odù forte que rege numerosas doenças da barriga e a gravidez.

Regência – Aqueles que nascem sob este Odù serão ricos em sua juventude. Assegura mulheres, filhos, dinheiro e todas as coisas boas da vida.

Divindades – Está ligado a Òṣùmàrè e Òṣàlá, e tem um parentesco que o une a Ọbalúwáiyé, às Ìyámi, Abìkú, Ògún e Ibéji.

Folhas – A folha principal é *Atọladọla*.

Cores – Não tem cor preferida. Adora tudo que é estampado e multicolorido.

Proibições – Galinha-d'angola, as comidas próprias de Ọba-

lúwáiyé, vinho de palma por causa de *Òṣàlá,* o leopardo, a hiena, o elefante, o cavalo por causa de *Òṣàlá,* o milho, o antílope *àgbọ̀nrín* e o galo. Proíbe desposar filhas de *Ọbalúwáiyé,* de tomar banho de mar, usar roupa estampada e de se cercar de objetos com mais de duas cores.

Observações – Torna seus nativos sujeitos a acidentes, o que faz com que não aproveitem por muito tempo os benefícios que este Odù oferece.

7 – ÒBÀRÀ MÉJÌ

Síntese – *Òbàrà* criou o ar e dele dependem as forquilhas e madeiras bifurcadas.

Posição – Foi parido no ouro e em suas arestas. É um Odù masculino.

Atribuições – Costuma trazer prosperidade a seus nativos em razão de sua união com *Aira* e *Òṣùmàrè*.

Corpo Humano – Rege os pulmões e os rins.

Regência – Recomenda a seus nativos cultuar o seu *Orilẹ̀* ancestral.

Divindades – É unido a *Òṣàlá*, *Ibéji* e *Lógun Ẹ̀dẹ*.

Folhas – Sua folha litúrgica é *Ewé Iyá*.

Cores – Sua cor preferida é o azul-claro.

Proibições – Comer melão e abóbora, *èkọ* enrolado. Evitar os pássaros *Àgbìgbò, gangan*, o abutre, o macaco *ìjímerè*, todas as tartarugas a fim de afastar doenças no peito. Todas as serpentes, o crocodilo, a hiena, o elefante, o leopardo, o antílope, o galo, a serpente *ọká* e roupa de palha.

8 – Ọ̀KÀNRÀN MÉJÌ

Síntese – Ọ̀kànràn é o chefe dos *Ibéji,* podendo mesmo dizer que ele os simboliza. Os *Ibéji* que estão aos pés de *Òṣàlá* dependem deste Odù. É ele quem os conduz à terra.

Posição – O *bọri* que as pessoas fazem aos nativos deste Odù será sempre recompensado. É um odù feminino.

Atribuições – Ele decidiu que ninguém poderia unir a água com uma corda.

Corpo Humano – A palavra humana foi trazida à terra por Ọ̀kànràn, assim como todas as línguas do mundo.

Regência – Ọ̀kànràn é responsável pelos excessos da fala.

Divindade – É aparentado com *Ibéji, Èṣù, Òṣùmàrè, Ọbalúwáiyé* e *Ṣàngó.*

Folhas – As principais são o *agogo, igún* e *ogbó.*

Cores – Suas cores são vermelho, preto, branco e azul. Também os tons mosqueados.

Proibições – As mesmas dos *Ibéji,* comer carne de macaco, cachorro e juntar feixes de madeira. Não deve comer *èkọ* enrolado de uma determinada maneira. Não deve sequer tocar no inhame *ìgangán,* comer galo, leopardo, abutre, búfalo, o feijão *pàkálà,* cortar galhos de *Ìrókò* ou atirá-los ao fogo.

9 – ÒGÚNDÁ MÉJÌ

Síntese – Rege todos os metais negros, os objetos feitos de ferro e o trabalho na forja, pois tem a natureza do fogo. Ocupa-se também do arco e da flecha.

Posição – O seu poder sobre o ferro e o fogo. É um Odù masculino.

Atribuições – Este Odù deu condições de Ṣàngó descer à terra. Ṣàngó e Ògún não só são comparáveis, mas quase idênticos no que concerne à manifestação de sua cólera. É por isso que tudo o que se faz sobre a terra ou sobre o mar Ṣàngó acaba sabendo. Onde estiver o culpado, ele o encontrará e o castigará. O raio de Ṣàngó jamais erra o alvo.

Corpo Humano – Ele comanda o pênis e sua ereção, os testículos, a produção do esperma, e determina, até certo ponto, a frouxidão dos costumes e as doenças venéreas.

Regência – A humanidade aprendeu com Ògúndá a cortar e a dividir. Por isso, pode-se dizer que ele rege também os partos, e alguns chegam até a afirmar que é ele quem traz as crianças ao mundo. Seria errado admitir que a decapitação estaria sob seu domínio. Ògúndá é apenas o instrumento.

Divindades – Ògúndá está ao lado de Èṣù, Òṣàlá, Òṣóòsí, Ògún, Ṣàngó e Ibéji.

Animais – Ògúndá introduziu na terra o *àjàpá,* as serpentes, o cachorro, o galo, o cachorro-do-mato e o pássaro àgbìgbò.

Folhas – Suas folhas principais são *ewé eriji* e *pèrègún.*

Cores – Preto, vermelho e branco.

Proibições – Àjàpá, cachorro-do-mato, o antílope *àgbọ̀nrín,* crocodilo, serpentes, o fruto da árvore isin, as aves *leke-leke* e *àgbígbò,* galo, cachorro, inhame pilado, bebidas alcoólicas e mandioca.

Observações – O fruto da árvore *iṣin* e o hábito de pilar o inhame foram criados por Ògúndá. Os galináceos oferecidos a Ògúndá devem ser mortos por decapitação devido à idéia de divisão que este Odù determina. Ògúndá também proíbe seus nativos de dançar na rua, de usar trajes sumários ou apertados, pular buraco ou fossa, deixar instrumentos de Ògún (armas branca ou de fogo) perto do lugar onde se dorme, e de portar facas e punhais junto ao corpo.

10 – ÒSÁ MÉJÌ

Síntese – Representa as *Ìyámi,* as forças da magia negra e, logo, a noite e o fogo. A magia negra funciona melhor à noite, e o elemento fogo costuma ser associado ao sexo feminino. As *Ìyámi* são forças malignas que vêm logo abaixo dos *Òrìṣà*. São *àjẹ́,* as feiticeiras, que encarnam o fogo, o que torna *Ọ̀sá Méjì* um Odù dos mais perigosos.

Posição – Numa analogia verbal, costuma-se dizer que *Ọ̀sá Méjì* preside a invocação dos Odù, ou seja, as marcas no *Ọpọ́n Ifá,* enquanto *Ìka Méjì* rege o ato de apagar as marcas dos Odù, regendo seu retorno para o *Ọ̀run.* Observe o seguinte: o termo "SÁ" evoca a idéia de fazer sair para a luz do dia; o termo "KA" a de dobrar, de recolher. Já o Odù *Ìretè Méjì,* acredita-se, rege as marcas. É um Odù feminino.

Atribuições – *Ọ̀sá Méjì* fala dos paralíticos, dos estropiados, o que faz com que ele seja visto com distância.

Corpo Humano – Rege as duas narinas, as duas orelhas, os dois olhos, as duas coxas, as duas pernas, os dois pés, rege a vagina e o sangue menstrual, que não precisa de *ọ̀bẹ,* a faca. *Ọ̀sá* e *Ìròsùn* dividem o coração e o sangue. *Ọ̀sá Méjì* comanda o sangue, a abertura dos olhos e os intestinos, sendo que esta última atribuição o faz temível. *Ọ̀sá Méjì* faz o sangue correr. Todas as *Ìyámi* se espalharam pelo mundo graças a ele. Comanda todos os órgãos internos do corpo, notadamente o coração e o sistema circulatório.

Regência – *Ọ̀sá Méjì* adora o sangue. Não conhece nem ricos e nem pobres, nem reis, nem chefes. Todos são sua presa, e os *bàbálawo* o temem enormemente. *Ọ̀sá Méjì* é encontrado no fluxo menstrual, no ventre das mulheres, onde é grande a nocividade deste Odù. Quando o fluxo menstrual sai do corpo da mulher, ele passa para o domínio de *Ìròsùn Méjì*, e quando atinge o solo, para o domínio de *Ọ̀fún Méjì*.

Divindades – Uma estreita afinidade com *Odù Ìyá Àgbà, Yemọja*, as *Ìyámi, Ọya, Òrìṣàlá, Ìrókò* e *Ọ̀sun*.

Animais – *Ọ̀sá Méjì* criou todos os animais feiticeiros, notadamente os gatos, os antílopes de pêlos vermelhos, que nas lendas costumam aterrorizar os caçadores, e todos os pássaros feiticeiros: a coruja, a andorinha, o bacurau, o vermelhão, o pintarroxo, o abutre, o *gan-gan*, e o *òdidere*. A afinidade entre a terra e a lua faz de *Ọ̀sá Méjì* um Odù da terra.

Folhas – As preferidas são *ewé owú, àlúpàídà, ewé ina(n)* e *ewé orúrú*.

Cores – Principal é o vermelho, mas aprecia o branco e o azul.

Proibições – O antílope *gìdì-gìdì*, todos os pássaros feiticeiros, elefante, cachorro, leopardo, galo, gato e, de um modo geral, tudo o que se oferece a *Yemọja*. Vinho de palma, milho, a fava *èèrù*, folhas de *ìrókò*, bambu e tudo o que for feito de bambu. As cores vermelho e azul.

Observações – Aquele que se revelar nativo de *Ọ̀sá Méjì* não deverá se ocupar de magia negra e não tomar partido nas demandas alheias. Abster-se de olhar para os órgãos sexuais do parceiro, evitando a prática sexual no claro. Se aparecer no jogo de uma mulher grávida, ela deve oferecer um sacrifício, sob pena de suas regras voltarem, fazendo com que aborte.

11 – ÌKA MÉJÌ

Síntese – Representa a serpente Dan. *Ìka* rege todos os répteis dos bosques e florestas, e um considerável número de animais que se movem nas matas como o lagarto, o macaco, pássaros como o tucano, pomba-rola e uma espécie de pombo-verde, sapos, rãs, caramujos, tatu, porco-espinho e todos os peixes. Através dele, os hausas vieram ao mundo.

Posição – Os nativos deste Odù poderão se tornar chefes, mas a quantidade e o custo dos sacrifícios a serem realizados tornam inútil esta previsão, e o nativo continuará com a sua vidinha comum. É um Odù masculino.

Atribuições – *Ìka Méjì* é o Odù que pensa. Representa a astúcia e a inteligência. É um dos mais perigosos, mas que concede alguns prazeres. Conhecedor da magia, é um Odù do fogo. Costuma provocar abortos nas mulheres.

Corpo Humano – Rege os dedos, cordão umbilical e os pêlos do corpo. Toma conta da caixa torácica, com exceção da coluna vertebral e dos ossos externos e de todas as vértebras.

Regência – Criou e rege o amor filial e a dedicação filial. Ao contrário do que afirmam certos *bàbáláwo*, *Ìka Méjì* não se ocupa da fecundação, mas sim do aborto e da falsa gravidez; *Òtúrúpòn Méjì* supera-o nesse sentido. De um modo geral, ele tende a buscar o frescor na sombra e na umidade.

Divindades – Está ligado a *Ibéji, Ṣàngó, Yemọja, Òṣùmàrè, Ògún, Òrìṣàlá* e *Ìrókò*.

Animais – Rege todos os animais de sangue frio, aquáticos e terrestres. Os macacos vieram ao mundo sob este Odù, que é também o principal porta-voz dos gêmeos da floresta (*ìworó*).

Folhas – A preferida é *èdanlẹlẹkun*.

Cores – Preta, vermelha e azul; aprecia o que for em pintas.

Proibições – Peixe assado, defumado ou recurvado; o elefante e todas as espécies de serpentes, crocodilo, tatu, caramujo, *àgbògbò,* batata-doce, macacos, sendo a violação desta kizila castigada com a morte do filho do infrator. *Ìka Méjì* proíbe beber vinho de palma numa cabaça. Não admite cortar em duas partes a cabaça.

Observações – Os nativos deste Odù deverão entregar às águas oferendas que dependem de lendas onde a água tem participação. Não podem usar roupas estampadas, manufaturadas, em Abomei.

12 – ÒTÚRÚPÒN MÉJÌ

Síntese – Representa a gravidez e, de um modo geral, todas as formas arredondadas – rostos redondos e seios –, todas as protuberâncias mais ou menos anormais – hérnia, elefantíase, furúnculos, tumores e inchações diversas.

Posição – Ele é o terror das mulheres grávidas, pelo fato de provocar abortos nos primeiros meses de gravidez. É um Odù feminino.

Atribuições – *Otúrúpòn Méjì* é um dos Odù de Ibéji e é também um dos Odù das *Ìyámi,* por ter criado a diarréia.

Corpo Humano – Rege as nádegas, o saco escrotal, as coxas, a saúde das coisas que têm volume – calombos, furúnculos.

Regência – Segundo alguns, este Odù criou a terra sob as ordens de *Òfún Méjì* e, por essa correspondência, acha-se ligado à abundância e à riqueza. Criou também as montanhas sob as ordens de *Éjì Ogbè.*

Divindades – É ligado a Ọmọlu, Òṣùmàrè, Ògún, Ṣàngó, Yemọja, Ibéji e Ogidan.

Folhas – A preferida é *ewé egbo.*

Cores – Diversos tons de vermelho. Aprecia, igualmente, o preto e objetos em pintas.

Proibições – Quiabo, mamão por causa de sua forma, melão-de-são-caetano, que é muito usado pelos feiticeiros, galo, galinha-d'angola, as serpentes, leopardo, elefante, hiena, macacos, cachorro, gato e todos os pássaros feiticeiros.

Observações – Quando este Odù aparece no jogo, o *bàbáláwo* toca o chão com a ponta dos dedos, tocando em seguida o peito, pronunciando antes a invocação "*Ilẹ̀ro*", o que significa terra firme. Com esse gesto, pretende atrair para si a segurança do chão. O gesto pode ser repetido por quem estiver assistindo. Este Odù também é denominado Ọtaru e Ọlọ́gbọ́n Méjì.

13 – OTÙWÁ MÉJÌ

Síntese – *Otùwá* fala das raças humanas. Os alufás e todos aqueles que usam longas camisas – *agbáda*. Simboliza tudo ligado aos malês (muçulmanos). Ele evoca, em suma, todos aqueles que vestem camisão e capa. É a civilização em mangas, em oposição à civilização em tangas.

Posição – Ele é o purificador, o profeta que anda de roupa e com uma corda na cintura. É um Odù masculino.

Atribuição – A cegueira, a disputa, a concha Ajê onde se ouve o ruído do mar vieram ao mundo sob este Odù.

Corpo Humano – Comanda a boca, sendo a mãe da mentira; rege o fígado. Os surdos dependem de *Òfún* e *Ìrẹ̀tẹ̀ Méjì*.

Regência – Rege a palavra. Ele diz coisas boas e más como *Èṣù*.

Divindades – É ligado a *Èṣù, Odùdúwà, Ajàgúnàn, Ibéji, Òṣùmàré, Ògún* e *Nàná*.

Animais – O esquilo e a tartaruga vieram ao mundo sob este Odù.

Folhas – A preferida é *ewé àlàáfíà*.

Cores – Todas as cores, mas inclina-se para o azul, branco e dourado.

Proibições – O esquilo, o cachorro (não se pode ter cachorro em casa), galo, tartaruga, hiena, todos os macacos, milho torrado, tabaco (um fumante nem deve invocar *Otùwá*) e inhame pilado.

Observações – *Otùwá* recomenda ao seu nativo que dê muita esmola e que leve sempre consigo tabletinhos de argila ou saquinhos de areia que os muçulmanos utilizam em suas preces. Todos os Odù derivados de *Otùwá* têm em comum os seguintes preceitos: ser discreto, não comer carne de porco, não beber vinho de palma, não portar arma na cintura e não vestir agbáda.

14 – ÌRẸTẸ̀ MÉJÌ

Síntese – Tem ligação com a longevidade e a mudez. Não pode ser pronunciado ao lado de *Ọ̀ṣẹ́ Méjì*.

Posição – *Ìrẹtẹ̀ Méjí* é um Odù da terra – *ilẹ̀* – e de domínio terrestre. É um Odù das *Ìyámi* e feminino.

Atribuições – Participa de tudo que está morto, mas a morte mesma está relegada a *Ọ̀yẹ̀kú Mèjì*.

Corpo Humano – Rege a pele.

Regência – Introduziu no mundo os abscessos, furúnculos, tumores, varíola, a lepra, e talvez a Aids.

Divindades – Odù *Ìyá Agba, Ògún, Nàná, Ọbalúwáiyé, Ọ̀ṣùmàrè, Ṣàngó, Òrìṣàlá.*

Folhas – *Ewé ọsan, wẹ́wẹ́* e *huya*.

Cores – Vermelho, cinza, azul e branco.

Proibições – A folha *ẹ̀lú*, da qual se extrai o *wàji, àbàrà*, a pasta *ajagbe* feita de sementes e folhas de feijão-vermelho, galinha-d'angola, pasta de farinha de milho (*irẹtẹ*), banana-da-terra, e todos os preceitos de *Ọbalúwáiyé*. São interditados também todo animal encontrado morto na terra, os antílopes, *àgbònrín,* galo, leopardo, abutre, pasta de inhame, cachorro, serpentes venenosas (*oka*), as comidas de *Nàná* e *Òsùmàrè,* tâmaras, macacos, e destruir termiteiros, considerados cabeças de terra.

Observações – Aquele para quem cair este Odù deve ter em mãos 40 búzios, um frango e uma garrafa de aguardente para o *igabdù.* O frango deve ser solto no terreiro e enterrado após a sua morte.

15 – ÒṢÉ MÉJÌ

Síntese – Comanda tudo que é quebrável, quebrado, malcheiroso, decomposto e apodrecido. É um Odù de muito mau augúrio, e promete, entretanto, riqueza, vida longa e muitas crianças.

Posição – Como Òfún Méjì, ele pede 16 unidades de objetos ou animal a ser oferecido. É um Odù masculino.

Atribuições – Todas as juntas e articulações são relegadas a ele, que também representa uma quantidade de doenças, os abscessos principalmente. Ele não é outro senão Ṣànpònná, a varíola, e depende das Ìyámi. Logo, é um dos Odù mais perigosos.

Corpo Humano – Dono dos poros, urina e fezes. Comanda a função do suor e é dono de tudo o que é malcheiroso.

Regência – Dono de tudo que pode ser quebrado e de coisas quebráveis, ele ensinou os homens a torrar, criou as árvores, o marfim dos elefantes e a galinha-d'angola.

Divindades – Obalúwáiyé, Ṣàngó, Òrìṣàlá e Ògún.

Folhas – Ewé òmìnì, àfòmó(n) e ikorokò.

Cores – Não tem preferência. Ele pede sempre três cores, sejam lá quais forem.

Proibições – Carregar lenha na cabeça, tocar em madeira carcomida ou queimando, pois a doença a está consumindo. Torrar milho, pois a crepitação que se eleva nele atrai doenças; inhame torrado pela mesma razão, roupas de três ou mais cores, quaisquer que sejam elas, galinha-d'angola, obì, com exceção do branco, que não se pode partir, codorna cujo som é *se se se*... O galo é totalmente proibido, como o é para todos os Odù, assim como o macaco *ìjímerè,* por causa de *Ibéji*. Também todas as proibições de *Ọbalúwáiyé,* como comer feijão misturado com milho, e outros tipos de mistura.

16 – ÒFÚN MÉJÌ

Síntese – *Ofún* é a mãe dos 14 *Odù Àgbà,* dos quais *Éjì Ogbè* é o pai. Segundo alguns, *Òfún* é a mãe até de *Éjì Ogbè,* sendo um Odù hermafrodita. A justificativa é a seguinte: os Odù, uma vez enumerados de 1 a 16, a contagem começou assim, o último fica à frente do 1º., ou seja, *Òfún* fica antes de *Ogbè*. Os outros são seus filhos, sendo que *Ogbè* é o primogênito, tornando-se rei. Os Odù derivados de *Òfún* exigem sacrifícios e oferendas em contagem de sete, às vezes de quatro.

Posição – Todas as kizilas são regidas por *Òfún Méjì*, ao qual é atribuído o dom de ressuscitar os mortos. Representa o princípio materno. É a mão dos *Odù Àgbà* e de toda a criação. É um Odù da *Ìyámi*, e os pássaros feiticeiros são relegados a ele. É um Odù feminino.

Atribuições – São muitas as suas atribuições, e entre elas figura o comando de todas as coisas vivas e de tudo que é branco, sobretudo os albinos e os cabelos brancos das pessoas velhas.

Corpo Humano – Rege todos os líquidos do corpo, a saliva e o sêmen. *Òfún, Òsá* e *Ìròsún* comandam as regras das mulheres.

Regência – Originariamente, dominava apenas o ar que criou e liberou *Éjì Ogbè*. Depois estimula os outros *Odù Àgbà* a se apossarem assim do mundo no qual cada um deles tomou uma parte, e sobre qual *Òfún Méjì* estabelece as leis. Dirige a conduta dos homens e mulheres, mas, sendo do sexo feminino, tal como certas mulheres de Abomei, é apelidada respeitosamente de pai.

Divindades – Odù Ìyá Àgbà, Òrìṣàlá, Odùdúwà, Ògún, Nàná, Ibéji, Ọbalúwáiyé, Ṣàngó, Olókun, Ìrókò e Ogidan.

Folhas – Todas as folhas de Ifá são de seu agrado, mas as favoritas são *ewé tutù, ewé orùrù, ewé apá, ọsàn* e *wẹ́wẹ́*.

Cores – A preferida é o branco. As outras não são do seu agrado.

Proibições – Crocodilo, leopardo, pitom sagrada (*èrè*), elefante, cachorro, porco e galo. *Òfún Méjì* proíbe as pessoas sob sua influência de beber vinho de palma (*ẹmu*), catar milho, avivar o fogo através do sopro. São igualmente proibidas as comidas de *Nàná* e *Òṣùmàrè*, os macacos, antílopes, galinha-d'angola, o àgbònrín, enfeites vermelhos, milho vermelho, e tudo o que é vermelho, pois esta cor atrai acidentes.

Observações – A maior parte dos *bàbáláwo* hesita em pronunciar o nome verdadeiro deste Odù na frente de um iniciado. Quando este Odù aparece no jogo, ele diz – *èrọ̀* – palavra que exprime a idéia de proibido, de mistério. Sopra três vezes sobre as palmas das mãos estendidas, como se elas tivessem um pó, a fim de espantar algo ruim iminente. Este Odù também é conhecido pelo nome de *Òràngún Méjì* ou *Bàbá Héèpa*, e tem prioridade sobre todos os outros Odù por ser a mãe de todos.

O SISTEMA DE DIVINIZAÇÃO DE IFÁ

São três as modalidades usadas e que possuem a égide de Ọ̀rúnmìlà, senhor de todo o sistema denominado Ifá. Revela a tradição que, quando ele retornou para o ọ̀run, deixou com os seus discípulos os 16 *Ikin* (coquinhos dos dendezeiros), que se transformaram nos instrumentos mais importantes de divinização de Ifá. Ao lado dos 16 Ikin, são usados o *Ọ̀pẹ̀lẹ̀* e o jogo do *Ìbò*. Sobre eles iremos falar agora, sem pretender nos estender sobre o assunto, pois a meta deste nosso trabalho é o jogo de búzios.

O JOGO DE IFÁ COM OS 16 IKIN

Após as devidas invocações, o bàbáláwo pega os 16 ikin nas suas duas mãos, e bate com eles algumas vezes, esforçando-se em ter o máximo deles em sua mão direita. Se um ikin é deixado na mão esquerda, ele faz dois traços paralelos, utilizando os dedos médio e anular da mão direita, no *iyèrosùn* (pó) do prato de Ifá (*opón*); se ficam dois coquinhos, ele faz um traço com o dedo médio da mão direita. Mas se não fica nenhum ou mais de dois, então nada será registrado. A jogada é nula. O processo é repetido 4 vezes para cada coluna. A formação dos traços indicará o nome do odù. Quando as duas colunas tiverem as mesmas marcas, teremos aí um dos 16 odù maiores; quando forem diferentes, teremos aí um dos 240 odù menores, perfazendo um total de 256 odù.

Como exemplo, observem os sinais de um odù maior – *Òdí,* e um odù menor – *Òsábàrà,* combinação dos odù *Òsá* e *Òbàrà.*

4 – Òdí Méjì   172 – Òsábàrà

Todo o ato do jogo é feito com o bàbáláwo sentado no chão sobre uma esteira, e entre suas pernas abertas fica a bandeja onde são riscados os traços de Ifá.

Assim que o odù é conhecido, o bàbáláwo procede de imediato ao cântico de tantos quantos ele conhecer do odù em questão. Isso é feito em língua yorubá, cabendo ao cliente interromper quando ele chegar ao poema que pareça próprio ao seu problema. É aí que o bàbáláwo prossegue interpretando o seu significado às vistas do cliente.

Se o cliente tiver novos problemas ou perguntas a fazer, é feito o jogo do *Ìbò*.

O JOGO DO ÌBÒ

O *Ìbò* consiste num búzio que significa Sim, e num pedaço de osso ou outro elemento que significa Não. É entregue ao cliente para que coloque um em cada mão fechada aleatoriamente. O passo seguinte é o bàbáláwo fazer duas jogadas. Se após a segunda jogada o odù que aparecer for mais velho que o odù da primeira jogada, o cliente abrirá a mão direita. Mas se for o contrário, deverá abrir a mão esquerda. Será um Sim ou Não diante da questão apresentada. O jogo começa a tornar-se mais complexo quando são utilizados outros implementos para indicar os casos de saúde, morte, família etc.

O *Ìbò* constitui uma parte indispensável da interpretação de Ifá, porque os próprios poemas são geralmente muito amplos e de aplicação generalizada. Para torná-lo mais objetivo, com um maior esclarecimento, faz-se uso desse processo.

～～ O ỌPỀLỀ DE IFÁ ～～

O *Ọpềlề*, conhecido como o rosário de Ifá, na verdade é uma corrente de menos de um metro de comprimento, intercalada com 8 sementes ou favas de Ifá que possuem um lado côncavo e o outro convexo. Há outros processos de fazê-lo, mas as características são essas. Dobrada em dois, ela é lançada numa esteira ou bandeja de palha. Uma das pontas é masculina e a outra, feminina.

O manuseio é o seguinte: O babáláwo toma a corrente com uma das mãos, pelo meio; a outra mão assegura o paralelismo e separação dos lados, com um balanço que lhe dá movimento e torção na corrente. Ela é atirada, de modo que as pontas fiquem voltadas para ele. O lado masculino fica do lado direito. As favas, quatro de cada lado, tomam posições côncavas, equivalendo a uma marca, e convexas, a duas marcas, formando duas colunas paralelas da mesma forma que os 16 Ikin. As marcas não são transcritas na bandeja, pois são de fácil leitura.

O *Ọpềlề* é mais fácil de ser manipulado dos que os 16 Ikin, pois em vez de ser manipulado oito vezes para obter as oito marcas do odù, numa jogada apenas o odù é conhecido.

O *Ọpềlề* é usado mais freqüentemente porque é mais fácil de ser manipulado e transportado.

OS OBJETOS DO CULTO

No relato que fizemos, verificamos a utilização de certos elementos para composição do ritual divinatório.

O coquinho do dendezeiro, que é usado no jogo de Ifá, deverá possuir quatro pequenos olhos e deverá ser extraído da palmeira de forma especial. Da mesma forma que o *Ìyèròsùn,* pó que é salpicado na bandeja onde serão riscadas as marcas do odù, este pó é extraído do cupim *ìyè* da árvore *irosùn* e que é de cor amarelada. Os pós provenientes do cupim em outras árvores, como o *Ìrókò* e o bambu, são às vezes utilizados.

As bandejas ou pratos denominados de *opón Ifá,* onde é colocado o pó para os riscos dos traços de Ifá, são feitos de madeira, e, em sua borda, são entalhadas a figura de *Èṣù* e de outros objetos associados.

O *Òsùn* é um bastão metálico conduzido por sacerdotes especializados em Ifá. É o símbolo de seu poder, e sempre deve ser deixado de pé.

O *Ìrọ́kẹ́* é uma sineta feita de marfim, usada principalmente, pelo bàbáláwo como sinal de autoridade. Ao ser agitado invoca o poder de Ifá para que se faça presente no processo de divinização.

A ligação do elefante com o culto a Ifá é baseada em inúmeras histórias. Vejamos uma delas:

> Certa vez, Òrúnmìlà foi à floresta com o Elefante, do qual eram amigos. Eles faziam qualquer tipo de trabalho para conseguir dinheiro, embora Òrúnmìlà não fosse tão vigoroso quanto o Elefante. Eles trabalharam na floresta durante um longo período e, quando retornaram, Òrúnmìlà tinha ganho apenas o dinheiro para comprar uma roupa branca. No caminho de volta para casa, Òrúnmìlà pediu ao Elefante para segurar a roupa enquanto ele ia até o mato fazer as suas necessidades. Nesse meio tempo, o Elefante engoliu a roupa. Quando Òrúnmìlà retornou e pediu a roupa de volta, o Elefante se negou a devolvê-la. Criou-se uma grande disputa entre os dois na medida em que caminhavam. Ao chegarem a uma encruzilhada, se separaram. Òrúnmìlà foi para um lado sem a sua roupa e o Elefante foi para o outro.
>
> Em seu caminho, Òrúnmìlà encontrou um Caçador, que disse estar indo caçar elefantes. Òrúnmìlà lhe disse que sabia onde encontrar um e orientou-o para seguir pelo caminho tomado pelo animal. Apenas pediu-lhe que, quando o matasse e o abrisse, e encontrasse uma roupa branca, que a trouxesse de volta, pois lhe pertencia. O Caçador seguiu o caminho indicado, encontrou o Elefante e o matou. Quando o abriu, achou a roupa branca lá dentro. Devolveu-a a Òrúnmìlà juntamente com uma das presas do Elefante como presente.
>
> Desde aquele tempo, em virtude da falsidade do Elefante, Òrúnmìlà e os bàbáláwo usam a presa do elefante como sineta. E desde aquela época, qualquer caçador que mata um elefante precisa levar o àlà, a pelica branca, para o bàbáláwo.

OS ODÙ MENORES

Vimos que os Odù básicos são em número de 16 e conhecidos como OJÚ ODÙ, que significa Odù principais. Durante o jogo eles surgem quando, nos oito lances, quatro para cada coluna, revelam-se Odù idênticos. Quando nos lances surgem Odù diferentes, temos então os Odù menores, denominados ỌMỌ ODÙ, que quer dizer filhos do Odù principal, pois eles são a combinação dos 16 Odù entre si. São eles 240 mais os 16, perfazendo um total de 256, ou seja, 16 x 16 = 256. Para cada Odù existem mais de mil histórias ou poemas a serem memorizados e recitados.

ÒṢẸ́TÙWÁ

Como exemplo de Odù menor, destacamos Òṣẹ́tùwá, que é o mensageiro de todos os Odù, e que acompanha os sacrifícios que são destinados a eles. Como todos os Odù derivados de Otùwá, ele tem grande afinidade com Èṣù. Conforme revela o Odù, "Otùwá é a boca que diz coisas boas e más, Otùwá é Èṣú". Pela função que exerce, ele está sempre em contato com todas as divindades.

É formado pela combinação de Otùwá e Òṣẹ́, e o seu símbolo é o seguinte:

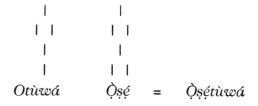

As marcas dos Odù devem ser lidas da direita para a esquerda, sendo todos eles numerados de 1 a 256, para efeito do jogo do Ìbò. Isso quer dizer que também esses sinais devem ser memorizados por aquele que se propõe a fazer uso desse sistema de jogo.

～～ HIERARQUIA ～～

O culto de Ifá é um dos mais bem organizados entre os yorubás. Na área de Òyó, a hierarquia se desenvolve em torno de 16 pessoas:

1 – Aràbà
2 – Olúwo
3 – Ojùgbònà
4 – Akódá
5 – Aṣèdá
6 – Erìnmì
7 – Àrànsàn
8 – Balẹ́sín

9 – Òtún Awo
10 – Òsì Awo
11 – Èkejọ Awo
12 – Alárá
13 – Ajerò
14 – Owáràngún
15 – Obalẹ́yọ́
16 – Àgbọngbòn

INICIAÇÃO A IFÁ

Entre o povo yorubá a iniciação a Ifá sofre modificações nas diferentes regiões. Em Lálúpòn, o primeiro passo para iniciar um homem no culto a *Ifá-Òrúnmìlà* é oferecer um galo a *Èṣù*, outro para *Òṣun* e quatro caracóis e um galo para *Odù,* um tipo de divindade dessa região. Colhidos 16 coquinhos, eles são devidamente preparados. Vai-se, então, à floresta para se consultar Ifá aos pés de uma palmeira de três troncos. No jogo efetuado, fica-se sabendo o projeto de vida para a pessoa, se o sacrifício será para *Òrúnmìlà* ou para *Adìmú,* isto é, para qual *òrìṣà* que ele irá cultuar. Oferece-se um porco, uma cabra, um carneiro, quatro pombos, oito caracóis, quatro ratos-do-mato e quatro peixes. A iniciação ocorre na floresta; folhas de *ire,* que simboliza a sorte, são maceradas e colocadas no chão. A cabeça do iniciante é raspada e lavada com o sangue dos animais sacrificados. São feitas incisões na cabeça, e as folhas de *ire* em pó são inseridas nos cortes. Dissolve-se em água o *ẹfun,* um tipo de giz branco, que deve ser esfregado ao longo do curso das incisões a partir da testa para a parte de trás da cabeça. Ao retornar a casa do sacerdote principal (*Aràbà*), o iniciado é sentado em uma cadeira tendo uma esteira por baixo, enquanto os sacerdotes entoam os versos dos Odù a uma determinada distância. Um dos sacerdotes lança os 16 coquinhos embrulhados nas folhas de òjùngun. Ele pega o Ifá e o coloca num recipiente de madeira. O ritual termina com o sacrifício de uma cabra. O iniciado toma conhecimento sobre certos tabus, como o que deve comer, roupas que deve usar e sua proibição de não nadar.

Todo aprendizado obedece a um sistema que pode se iniciar aos cinco anos de idade mediante observações de divinadores: a repetição de determinados Odù recitados com memorização obrigatória; a maneira de se achar determinadas folhas nas florestas; a identificação dos Odù e suas combinações.

Durante o cerimonial, são entoadas algumas orações típicas:

1 – Apẹ̀tẹ̀bí ẹ̀lẹ́ẹ̀rí ìpín, a jẹ́ ju oògún

1 – Apẹ̀tẹ̀bí, testemunha do destino, aquele que é mais eficaz na cura das doenças

2 – Ọ̀dúndún láwọ̀

2 – Aquele que tem a pele clara

3 – Ifá mo pè, Ẹ̀là mo pè

3 – Ifá, eu o invoco; Ẹ̀là, eu o chamo

4 – Ifá sọwọ́ dẹ̀ẹ̀rẹ̀ gbobi rẹ o, sọwọ́dẹ̀ẹ̀rẹ̀

4 – Ifá, estenda sua mão para receber seu obì

5 – Ìyẹ̀, ìyẹ̀ okò, ìyẹ̀ l'Ọ̀rúnmìlà njẹ

5 – Ifá, que come o pó de cupim (da madeira de ìyẹ̀ròsún)

6 – Eku méjì oluwéré, ẹja méjì òlùgbàlà lọ́bẹ̀

6 – Dois ratos-do-mato e dois peixes na sopa

7 – Ìyẹ̀ l'Ọ̀rúnmìlà njẹ

7 – O cupim que Ọ̀rúnmìlà come

8 – Ifá fún wa lọ́mọ si

8 – Ifá, dê-nos mais crianças

9 – Jẹ́ kí a tún lè wá sìn ọ́ bàyìí
l'ọ́dún miran

10 – Jẹ́ kí a lówó, kí a bímọ o

11 – Kí ilé wa yìí kí a tún kọ dáa-dáa.

9 – Proteja-nos para que possamos estar aqui novamente no próximo ano

10 – Ifá, deixe-nos prosperar e ter mais filhos

11 – Deixe-nos construir nossas casas de modo mais atraente.

Posteriormente, são feitos alguns testes para saber o adiantamento do iniciado; uma bandeja de Ifá lhe é entregue juntamente com o pó – *ìyẹ̀ròsùn* – e os 16 coquinhos do dendezeiro – *ikin*. São efetuados jogos para serem marcados os sinais dos Odù, e a recitação dos versos de Ifá relacionados com os Odù. A duração do aprendizado básico pode durar de 3, 5, até 10 anos. Mas o estudo continua necessitando de uma troca de conhecimentos com bàbáláwos mais antigos, que não podem negar o pedido, quando solicitados. Quando o aprendizado tiver terminado, começa a tarefa prática por conta própria. Caso venha a receber alguma importância, reservará uma parte para o seu mestre. Neste particular, um bàbáláwo é obrigado a não abusar do seu dever, não usando a sua posição para enriquecer e não recusando seus serviços a uma pessoa que seja pobre e sem recursos. Hoje em dia, a grande maioria parece não saber nada sobre essa injunção sagrada, e outros a ignoram pura e simplesmente.

Um outro exemplo da importância do jogo divinatório para a recondução ao destino determinado está num relato tradicional yorubá:

Um homem chamado Atele se encontrava com problemas de *Àbíkú,* em razão de sua esposa e seus filhos terem morrido sucessivamente após o parto. Ele seguiu para a cidade de Ajiran, que possuía a tradição de ser "o portão entre o céu e a terra", por onde vão e voltam as pessoas do ọ̀run e do àiyé. O guardião é chamado de *Ojòmùú* e possui o título de *Ayọ́rubọ̀*, que significa "aquele que vai ao céu e volta". É um equivalente ao *Oníbodè*, o guardião da fronteira entre o céu e a terra. A ele foi contado todo o problema de Atele, que o ouviu atentamente e deu-lhe hospedagem por aquela noite, prometendo solução para a manhã seguinte. Na hora combinada, ele ouviu que uma das novas pessoas que iriam encarnar no *àiyé* seria um filho seu. Diante disso, *Ojòmùú* lhe disse que aquele que viria a ser seu filho, no dia em que se casasse, antes de a noiva lhe ser trazida à sua presença, sentiria vontade de descansar junto a uma moita, e uma cobra viria lhe morder; dessa forma, ele morreria e retornaria ao ọ̀run.

Atele voltou para a sua cidade com o segredo guardado. O tempo passou, até chegar o dia do casamento do filho. Exatamente antes de a noiva lhe ser trazida, o filho disse a Atele que iria à mata para relaxar. Atele, atento, pediu-lhe para ficar, mas o filho mostrou-se firme em seu propósito. Atele, então, decidiu acompanhá-lo. Lá chegando, no local escolhido pelo filho, exatamente antes de pisar na mata, o pai iluminou o local com uma tocha, viu uma grande cobra e a matou. Assim, Atele retificou o destino de seu filho, que conseguiu viver até uma idade avançada.

～～ IFÁ – O NOME ～～

O nome é sempre o ponto por onde começa uma história. Retrata acontecimentos que possibilitam não serem esquecidos, mas sim sempre lembrados. O culto de Ifá fornece a oportunidade de oferecer nomes às pessoas em sinal de gratidão por alguma graça alcançada ou pela sua ligação direta ao culto. Alguns desses nomes vão aqui relacionados com os seus significados:

AWO – Culto, mistérios transcendentais

AWÓDÉLÉ	– O segredo do culto chegou em casa
AWÓYẸFÁ	– O culto é adequado a Ifá
AWÓLỌ́WỌ̀	– O culto merece respeito
AWÓDỌLÁ	– O culto tem honra

ODÙ – Destinos nos signos de Ifá

ODÙNÁIYÀ	– O oráculo é forte
ODÙKẸMI	– O odù me agrada
ODÙWỌLÉ	– O oráculo entrou em casa
ODÙTỌLÀ	– O odù é maior que a riqueza

IFÁ – Arte divinatória

FÁLỌPẸ́	– Ifá tem gratidão
FÁṢÍNÀ(N)	– Ifá abre o caminho
FÁLỌLÁ	– Ifá tem honra
FÁYỌMI	– Ifá me traz alegria
FÁTUNBI	– Ifá me faz nascer de novo
FÁLUYI	– Ifá tem prestígio
FÁLORE	– Ifá tem bondade
FÁSANMI	– Ifá é bom para mim
FÁBÙNMI	– Ifá me presenteou
FÁTÓGÙN	– Ifá é como remédio
FÁLETÍ	– Ifá tem ouvidos
FÁGBAMI	– Ifá me socorra

Algumas circunstâncias durante o nascimento de uma criança já indicam a marca do òrìṣà, por exemplo, nascer envolto numa bolsa de pelica – *àlà ọ̀kẹ́*. Nestes casos, é dado um apelido – *àbísọ* – a este acontecimento, ao qual será acrescido um conjunto de palavras que irão formar, de modo definitivo, o nome da pessoa – *orúkọ*. São denominações que fazem parte do conjunto de tradições das parteiras yorubá, e que abaixo relacionamos:

Táíwò   – é o 1º gêmeo nascido. Significa: aquele que veio olhar o mundo

Kẹ́hìndé – é o 2º gêmeo nascido. Significa: aquele que veio depois

Ìdòwú   – é o 3º dos gêmeos

Àlàbá	– a 4ª criança mulher
Ídogbe	– o 4º filho homem
Erinlè	– o que nasce com o cordão umbilical em volta dos pulsos
Tàlàbí	– menina que nasce empelicada
Sàlàkọ́	– menino que nasce empelicado
Òní	– aquela que chora muito
Ìgè	– que vem com os pés primeiro
Àjàyí	– que nasce com o rosto para a terra
Òjó	– menino nascido com o cordão umbilical em volta do pescoço
Àìná(n)	– menina que nasce com o cordão umbilical em volta do pescoço
Dàda	– a que nasce com um tufo de cabelos na cabeça em forma de coroa
Ìlọ̀rí	– criança gerada antes que a menstruação tenha se restabelecido
Olúgbódi	– criança que nasce com 6 dedos

RESUMO

Fizemos uma abordagem superficial da consulta divinatória praticada na África, para concluir por quais razões não sobreviveu em nossa terra. Ao compararmos com os ritos de terreiro, estes conseguiram manter-se de forma viva, graças à prática constante e um visual que atrai e fascina, mantendo a memória coletiva.

Pelos relatos feitos, pudemos verificar que há todo um conjunto de usos e costumes apoiados em tradições locais e enraizados em terras africanas, assim como hábitos de vida de um povo identificado com a natureza e com o poder da ancestralidade sobre o desenvolvimento da família. Os *Odù* se relacionam com essa cultura. Muitos animais são totalmente desconhecidos, e as folhas litúrgicas, sem similitudes, justificam o esquecimento e o abandono, talvez consciente, de muitas práticas africanas. A impossibilidade de adaptações numa cultura em formação na época foi um forte motivo.

Apesar disso, a insistência de alguns vem forjando criações grosseiras e impróprias para um resultado positivo e desejado. Por não termos absorvido a cultura divinatória no seu sentido iniciático, cria-se constantemente uma parafernália de ensinamentos confusos e sem qualquer sentido. Isso concorre a um distanciamento cada vez maior do seu verdadeiro significado.

Estes fatos promoveram o aparecimento de pessoas que jogam, explorando mais o seu lado mediúnico e intuitivo, servindo-se dos búzios como elementos de referência, como se verá mais adiante.

Observamos que a ausência do uso do *Ikin,* do *Ọ̀pẹ̀lẹ̀* e mesmo dos búzios que se utilizam de 256 Odù, é motivada pela dificuldade de seu aprendizado. Se houve, ou há tentativas pessoais, e acreditamos que sim, elas se dão sem a profundidade que o método determina.

Um dos países da América que adotou e desenvolveu a prática de Ifá foi Cuba. Desenvolveu uma cultura própria sobre o assunto a ponto de despertar o interesse de muitos brasileiros. Mesmo com competência, os bábàláwos cubanos se deixam influenciar por tradições locais, como é comum em casos de adaptações, e os que lá vão para aprender aceitam as práticas já influenciadas pelos costumes da terra. Em Cuba, o obì não é utilizado nos ritos religiosos.

Não há o costume da memorização e recitação dos poemas de Ifá que o jogo determina. Os Odù são analisados pelas caídas.

Parece-nos que esses fatos motivam uma preocupação profunda para o futuro do Candomblé com uma dispersão de autoridade e valores que vão sendo esquecidos, em muitos casos, em detrimento de interesses financeiros e não religiosos.

~~~ NOTAS ~~~

1. Os búzios, na Nigéria, são utilizados por gente de *Ṣàngó*, e por isso são chamados de *Ìránṣẹ́ẹ̀ Ṣàngó* (Servos de *Ṣàngó*).
2. Na África, os búzios eram jogados no chão, sobre uma esteira forrada com um pano branco. O africano não usava mesa, que só foi incorporada à cultura após o contato com o europeu. A palavra *Tábìlì* (mesa) é uma adaptação do inglês *table* (mesa).
3. *Ìròsùn (Baphia Nitida-Papilonaceae)* é a denominação da árvore, cuja casca amarelada é comida pelo cupin *Ìyẹ̀*, produzindo um pó amarelado que é utilizado na bandeja de Ifá. A parte interna da árvore de cor avermelhada serve para produzir o *Osún*, utilizado na pintura do *Ìyàwo*, na ocasião da iniciação.
4. Afirma-se que os nomes dados aos Odù foram em memória de figuras mitológicas que viveram quando Ifá estava na terra.
5. O *Òsún* é o bastão-símbolo do poder do Bàbáláwo. A forma de um pombo ali colocado lembra a história de *Ẹiyẹ kan*, o primeiro pombo que era bissexual e que veio a reproduzir graças a Ifá. Depois passou a chamar-se *Ẹiyẹlé*, e agora simboliza a honra e a autoridade, estando localizado no topo do *Ọ̀pá Ọ̀rẹ̀rẹ̀*, outra denominação do *Òsùn*. Não confundir com a ave que é representada no símbolo de *Ọ̀sányin*. O passáro ali é a representação de *Ẹlẹiyẹ*, a ave-símbolo das feiticeiras do culto a *Ìyàmi*. Elas ficam instaladas no alto das árvores de *Ìrókò*. (Ver *Ọ̀run-Àiyé*, p. 307.)

6. O pó para riscar as marcas de Ifá era feito com a farinha de inhame. Antigamente, os riscos eram feitos no chão, na terra primordial. Também é usado o pó do bambu corroído pelo cupim.

7. O odù *Otùwá* é escrito de diversas formas, dentre elas: Òtúrá, Òtuá e, por extensão, Ọ̀ṣẹ́túrá.

8. No documentário exibido pela TV — Pierre Fatunbi Verger, o Mensageiro de Dois Mundos —, recolhemos o seguinte texto de um bàbáláwo, que corresponde ao nosso pensamento sobre o assunto:

"Ifá teve origem na Arábia Saudita como mensageiro divino na Terra para orientar seus filhos, mas foi expulso da cidade. Desceu o Egito e passou pelo sul do Saara, chegando no antigo Daomé. Com todos os povos que Ifá teve contato, ele deixou sua marca registrada na adivinhação. A diferença está na forma de consulta chamada Dou (Odù), que é a maneira de jogar a corrente de amuletos (Ọ̀pẹ́lẹ̀):

Os Gun e Fon jogam para a frente; os Nagô jogam para trás; e os árabes, para cima.

Parece que Ifá (Ọ̀rúnmìlá) era canhoto... ele mesmo fazia a consulta de duas formas. Era um homem sem esqueleto; assim, o jeito de se movimentar exigia muito esforço..."

Sobre isso, lembramos que, na comitiva de Odùdúwà, que veio da Arábia expulso, para fundar Ilé Ifẹ̀, estava Ọ̀rúnmìlá, juntamente com mais 14 personagens denominados Awọn Agbà, os Antigos. (Ver *Ọrun-Aìyé*, p. 55.) A leitura dos sinais dos Odù é feita da direita para a esquerda, da mesma forma como a escrita árabe.

Quanto à diferença do uso da corrente divinatória, entre os Fọn as pontas da corrente são voltadas para o consulente, enquanto que entre os Nagô as pontas são voltadas para quem joga.

9. O ọ̀pẹ̀lẹ̀ de *Ifá* também se utiliza das sementes de manga selvagem (*Mangifera gabonensis*). Os caçadores encontram os caroços não digeridos desta fruta no estômago dos elefantes, e eles são considerados uma dádiva, pois o elefante é um símbolo de força ao qual Ifá costuma ser associado. Outros são aqueles provenientes das águas, como o osso da

cabeça do peixe *aborí*, o osso da cabeça do crocodilo ou as escamas, o casco da tartaruga marinha ou da terra, isso porque os animais aquáticos são considerados os bons condutores da verdade. O ọ̀pẹ̀lẹ̀ é um instrumento masculino, porém seus ramos são sexuados, ou seja, o lado masculino possui na ponta um búzio, um pedaço de marfim ou um guizo; no outro lado, às vezes nada. Os povos yorubás e os fon lançam-no de modo que o lado masculino fique sempre à direita.

10. No sistema de jogo através de Ifá, não há a proibição de jogar às sextas-feiras como ocorre na prática do jogo de búzios. Sendo o dia consagrado a Òṣàlá, o candomblé paralisa as suas atividades.

11. Os Odù são distinguidos como portadores de mensagens referentes ao destino das pessoas, embora a palavra Àyànmọ́(n) seja a denominação correta para definir o destino que todos os seres possuem.

12. Àṣẹ Òpó Àfọ́njá é a denominação de uma das mais tradicionais e históricas casas de candomblé com sedes no Rio de Janeiro e Salvador (Bahia). Define o local que "centraliza o poder de Ṣàngó", por ser seus fundadores – Rodolfo Martins de Andrade (*Obitiko*), Eugenia Anna dos Santos (*Ọba Bíyí*) e Joaquim Vieira (*Ọba Sànìyà Olugbémi*) – identificados com este òrìṣà. Em 1886 chegam ao Rio de Janeiro para organizar o candomblé no bairro da Gamboa, que, após várias mudanças, seus sucessores o instalam definitivamente em Coelho da Rocha. Em 1910 é instalada a sede em Salvador, no bairro de São Gonçalo do Retiro.

13. *Àyaba* é a denominação genérica das divindades femininas, e significa rainhas.

14. *Òdí Méjì* possui a característica de determinar que uma pessoa possa vir a ter várias esposas, inclusive uma princesa.

15. *Ọ̀yẹ̀kú Méjì* é o odù da morte, por isso ele tem o posto de *Alágba Bàbá Éégun*, que significa o Pai dos Espíritos dos Mortos. Quando da consulta com 4 búzios, *Ọ̀yẹ̀kú* responde pela morte, desgraça e infelicidade. Só afasta a morte e outros males se nos ẹbọ levar pano vermelho.

16. *Éjì Ogbè* é o mesmo *Ogbè Méjì*, que, por ser o mais velho de todos os odù, é também o rei dos odù e o único que tem o direito de ser chama-

do dessa forma. No sistema de jogo que se utiliza dos búzios é denominado de *Éjì Onílẹ̀*, que significa aquele que é o dono da terra, do mundo.

17. Utilizamos, em alguns casos, a palavra *kizila* para definir tudo aquilo que é proibido e contrário aos princípios religiosos. É uma palavra de origem kimbundo (Angola), e devidamente incorporada no falar de todos os candomblés. Em yorubá o termo é *Èwọ̀*.

18. Os odù entre os povos Fon (Jêje), vizinhos dos nagô-yorubá, possuem os seguintes nomes modificados:

1. JIOGBE ou GBE MEJI
2. YẸKU MEJI
3. WOLI MEJI
4. DI MEJI
5. LOSUN MEJI
6. WẸLẸN MEJI
7. ABLA MEJI
8. AKLAN MEJI
9. GUDA MEJI
10. SA MEJI
11. KA MEJI
12. TURUPẸN MEJI
13. TULA MEJI
14. LẸTẸ MEJI
15. SẸ MEJI
16. FUN MEJI

Isto porque, quando uma palavra yorubá é aceita pelos Fons, os nomes são modificados de acordo com a seguinte regra:

1) A vogal inicial da palavra desaparece.
2) O *R* se modifica para *L*.
3) O *Ṣ* passa a ter o som de *S*.

2.ª Parte

O Jogo de Búzios

EXPLICAÇÕES NECESSÁRIAS

O homem costuma traçar planos em função de contingências e vaticínios, embora saiba que muita coisa do futuro é desconhecida. Em razão disso, tem tentado penetrar neste desconhecido de várias maneiras. Dentre os meios mais utilizados está o da adivinhação. Podemos definir a adivinhação como "o ato de se obter informações acerca de acontecimentos desconhecidos ou de acontecimentos futuros, originados de princípios sobrenaturais, mediante sinais e técnicas ocultas".

A adivinhação se acha sempre associada a uma decisão sobre importantes planos ou ações vitais a serem tomadas – casos de doença ou de morte; conflitos em escala pessoal ou coletiva; mudanças de alinhamentos sociais ou, talvez, de situação econômica; casos de perdas e calamidades etc.

Aconteça o que acontecer, a pessoa quer conseguir o melhor da vida. Conhecer a vontade divina, conseguir longevidade e prosperidade, lucro na vida e sucesso nos empreendimentos são os desafios a serem enfrentados. Além disso, e isso pode ser próprio dos africanos, os homens acreditam que o mundo em que vivem é influenciado por certas forças mágicas, espíritos de ancestrais e outros. Crêem também que é sábio e conveniente ter essas forças do seu lado. Assim, estão convictos de que o oráculo pode revelar o que essas forças estão planejando e o que se pode fazer para prevenir, conciliar e satisfazê-las. Desse modo, a predição é um meio pelo qual a vontade divina é compreendida.

Os homens, no mundo inteiro, praticam a predição idealizando vários métodos de realizá-las. Como outros povos de diferentes fés religiosas, os yorubás também a praticam devido à formação religiosa a que são submetidos: conhecer seus destinos (Odù). O que vier a acontecer sem estar programado deverá ser reajustado com a interferência do olhador junto à divindade.

O Jogo de Búzios possui as seguintes características:

RELIGIOSA – Crença a respeito de Deus e das divindades

FILOSÓFICA – Sabedoria de vida

CIENTÍFICA – O Destino das pessoas através de previsões

LITERÁRIA – Narrativa de assuntos históricos e tradicionais

MATEMÁTICA – Composição numérica dos Odú para a prática do jogo do Ìbò, e o número dos elementos utilizados nas ofertas

Todos estes elementos, devidamente interpretados, explicam a razão e origem de todas as coisas, a Vida e a Morte, o Ser Humano e a Ética Moral a ser seguida; explicam os Òrìṣà e demais divindades, seus fundamentos, as folhas, os tabus, as cores e as razões dos ritos religiosos. É o mecanismo essencial para as relações entre o

Òrun e o Àiyé, ou seja, o plano físico e o espiritual. Oferecem a oportunidade constante de reequilíbrio aos desajustes observados na vida das pessoas mediante oferendas propiciatórias. Como diz o ditado: "*A kì ndífá kámá yan ẹbọ*" (Ninguém consulta Ifá sem ter de fazer uma oferenda).

~~~~~ HISTÓRICO ~~~~~

O sistema de consulta utilizando búzios foi introduzido no Brasil com as levas de escravos africanos que aqui chegaram a partir do século 18. Sobre o assunto, vamos extrair textos de nossa obra anterior, *Òrun Àiyé – O Encontro de Dois Mundos*.

Os búzios, como forma de consulta divinatória, foram aceitos pelas antigas comunidades religiosas ao tempo de *Ìyá Nàsó*, pela sua possível opção de serem utilizados, tanto por homens como por mulheres. Enquanto o Ifá, que se utilizava de coquinhos dos dendezeiros, e o *Òpèlè*, de sementes presas a uma corrente em forma de rosário, eram utilizados somente por homens, os búzios foram a opção viável se considerarmos que os primeiros candomblés foram dirigidos exclusivamente por mulheres.

A história de *Ìyá Nàsó* reporta-se à fundação do Candomblé do Engenho Velho, em Salvador, Bahia, no período entre 1820 e 1830 até os dias atuais, sempre dirigido por mulheres. A participação masculina se dá exclusivamente na categoria de ogans, ou título correlato. Foi no retorno de uma viagem feita à cidade de Ketu, na Nigéria, que *Ìyá Nàsó* e *Obatosí*, sua futura sucessora, trouxeram alguns africanos para auxiliá-la no candomblé em organização, e, entre eles, Rodolfo Martins de Andrade, mais conhecido pelo título de *Bámgbósé Obitiko,* e que aqui auxiliaria na organização religiosa, adaptando práticas africanas a serem seguidas por todos.

A opção pelo jogo com 16 búzios – *Mérìndílógún* – como forma de consulta, em detrimento de outras mais tradicionais, como o *Ifá* e o *Òpèlè*, deveu-se à sua complexidade, que pode ser explicada da seguinte maneira, conforme vimos no capítulo anterior:

1. Tanto o Ifá como o *Òpèlè* só podem ser manipulados por homens, sendo os títulos de Bàbáláwo e Olúwo indicados somente a quem se utiliza desta modalidade de jogo;

2. Os Odú, num total de 256, divididos entre 16 principais e 240 menores, possuem sinais característicos que deverão ser memorizados e riscados no *opón* (prato) salpicado de *ìyèròsùn* (um certo tipo de pó), na medida em que eles forem se formando;

3. Para cada Odù há uma série de *ìtàn* (mitos) e *òwe* (parábolas), que atingem mais de 4.000 narrativas que deverão ser declamadas em linguagem nativa para que o próprio consulente escolha aquela que se adapte à sua situação. Entendemos aí que tanto um como outro deverão ser compreendidos no idioma utilizado, que é o yorubá.

A participação de *Ìyá Nàsó* e seu grupo representa um capítulo dos mais importantes a serem estudados, pois foi aí que se delinearam mudanças e adaptações do culto em sua forma africana para uma nova realidade.

As viagens de africanos à África, e seu conseqüente retorno ao Brasil, nos dão a certeza do interesse na manutenção de suas tradições numa nova terra, pois, afinal de contas, já não eram mais negros africanos, mas sim negros brasileiros. Essa nova visão exigia mudanças, pois o mundo cultural era diferente.

Muitos ritos foram criados e outros abolidos por não se adaptarem à forma cultural da terra. Foi um trabalho em que a oralidade procurou construir uma tradição própria.

Um cuidado, porém, foi observado: o de não ferir tradições ancestrais, como por exemplo, a arte do jogo. Como o comando religioso seria próprio das mulheres, os búzios foram uma opção viável, tanto para os homens como para as mulheres. Esse processo modificou o posicionamento dos Odù de 1 a 16, da escala original, e as combinações dos Odù maiores entre si, para o surgimento dos Odù menores do sistema de Ifá, por caminhos em número de 70. Isto permitiu uma leitura mais simples e objetiva.

Essa modalidade de jogo ficou conhecida como *Sistema Bámgbóṣé*. Os elementos dos ẹbọ (oferendas) foram modificados; animais, plantas e minerais africanos foram substituídos por outros de valores equivalentes. Por força dessas mudanças, algumas divindades tribais africanas foram esquecidas, e outras ficaram apenas na lembrança coletiva afro-brasileira.

Essa decisão de mudanças e a manutenção de costumes deram o modelo de culto africano no Brasil, sendo imitado pelos outros aqui instalados e já esquecidos de suas tradições. A prática da utilização dos búzios pelo grupo de *Ìyá Nàsó* (ketu-yoruba) passou a servir de modelo para os demais grupos aqui instalados, entre eles, os angola e congo, que passaram a utilizar uma peneira (urupema) para o jogo de búzios, e parte do grupo jeje que, ao aceitar o modelo criado, passou a ser conhecido como nagô-vodun.

Essa fusão de costumes produziu a necessidade de se criar uma equivalência de valores das divindades cultuadas pelos diferentes grupos para uma aproximação necessária entre as várias mesas de jogo. Essas divindades são assim denominadas:

Candomblés de Angola e Congo — Nkise
Candomblés Ketu e Nagô — Òrìṣà
Candomblés Jêje e Nagô-Vodun — Vodun

EQUIVALÊNCIA ENTRE AS DIVINDADES

ÒRÌṢÀ	NKISE	VODUN
Òṣàlà	Lundungo	Lisa
Òṣàlúfón	Gangarumbanda	–
Òṣàgiyán	Lembá	–
Èṣù	Bombonjiro	Lẹgba
Ògún	Nkose Mukumbe	Gu
Ọṣọ́ọ̀sì	Mutalambo, Gongobiro	Gagatolu
Òsányín	Katende, Minipanzo	Agẹ
Ṣàngó	Nzazi, Luango	Sogbo, Badẹ, Hẹvioso
Ọmọlu	Nsumbu, Kafunge	Azoani, Ajunsun
Yánsàn	Bamburucema	Vodunjọ, Kalẹ
Yemọja	Kukuetu, Kaiala	Sodolebe, Simenu Sogbo
Ọ̀ṣun	Dandalunda, Kisimbi	Aziritobosi, Simenu Naye
Nàná	Zumbá	Mawu, Abaiyin
Òṣùmàrè	Rangoro	Besẹn
Ọbà	Karamoxe	Hasu

ÒRÌSÀ	NKISE	VODUN
Iyewa	Kuiganga	Saho
Lógun Èdẹ	Terekompenso	Mavi
Ibéji	Vunji	Hohovi
Ìrókò	–	Loko

Algumas divindades não possuem correspondências, passando a ser características exclusivas de uma determinada modalidade de culto. É o caso de Kitembo, também denominado Tempo Amuringanga, Tempo Mavila, e restrito à nação de Angola. Da mesma forma, outras divindades como Avimajẹ, Pọ, Frekuwen, Ayizan, da nação Jêje.

BÁMGBÓṢÉ

A história do candomblé no Brasil, principalmente da etnia nagô-yorubá, revela a liderança das mulheres na organização dos grupos e seu papel decisivo na preservação das religiões africanas. Apesar disso, elas tinham a seu lado homens que se tornaram importantes, a ponto de serem reverenciados na forma de ÉSÀ, ancestrais, nos ritos do *Ìpàdé* e no *Ilé Ìbọ Akú*.

O quadro pode ser resumido da seguinte forma:

Ìyá Nàsó, do Engenho Velho, contou com *Bàbá Asika*;
Marcelina *Ọba Tosi*, sua sucessora, com *Bámgbóṣé*;
Maria Julia de *Baàyànni*, do Gantois, com *Bàbá Adeta Ọkanlede*;
Aninha *Ọba Bíyí*, do *Àṣẹ Òpó Àfọ̀njá*, com *Bámgbóṣé, Ọba Sàniyà* e Martiniano Eliseu do Bonfim, conhecido como *Ọjẹlade*.

Outros são reverenciados através de seus títulos, pela sua participação: *Akẹ́san, Adiro, Ajadi, Akayọde*.

Em 1830, aproximadamente, *Ìyá Nàsó* e Marcelina, esta última recém-liberta, voltam à África, lá permanecendo sete anos. Retornando ao Brasil, trazem da cidade de Ketu um africano chamado *Bámgbóṣé,* que aqui recebeu o nome de Rodolfo Martins de Andrade, participando, com competência, das cerimônias do candomblé em organização, o Engenho Velho. Colabora na iniciação de Aninha, revê ritos e faz modificações no sistema de jogo. Torna-se amigo de *Ọba Sàniyà,* Joaquim Vieira, viajam ao Rio juntamente com Aninha, e organizam as bases do que viria a ser o *Àṣẹ Ọpó Àfọ̀njá,* em 1886. Ambos, ao falecerem, passam a ser reverenciados como *Ésà – Bámgbóṣé,* com o título de *Obitiko,* e *Ọba Sàniyà,* com o título de *Oburo.* Seu ilustre descendente foi Felisberto Sowser, seu neto, mais conhecido como Benzinho de *Ògúnja.*

A palavra *Bámgbóṣé* significa: *Bá mi gbé oṣé* (Ajude-me a carregar o oṣé), que é o símbolo de *Ṣàngó,* identificado popularmente com um machado de dupla lâmina.

～～ O BÚZIO ～～

É uma concha marinha composta de duas faces: dianteira e traseira. A face dianteira contém uma fenda dentada de cima a baixo, a qual podemos chamar de boca. Segundo a totalidade dos bàbáláwo, é a parte falante do jogo. A face traseira, originalmente fechada, é aberta para propiciar o equilíbrio e a queda do búzio em duas posições, aberto e fechado, com idênticas probabilidades. Há quem diga que o uso do búzio pela parte aberta manualmente é próprio das mulheres, e o uso da parte aberta naturalmente é próprio dos homens. Não seguimos esse processo por não encontrarmos justificativas concretas e por fugir às tradições estabelecidas. E mais: observando a face dianteira do búzio, verificamos que se assemelha a uma boca, onde vemos os lábios superior e inferior, os dentes da arcada superior e inferior. Esta é, portanto, a parte da frente e a boca pela qual o búzio fala. O nosso sistema segue este princípio.

Os búzios são denominados OWÓ EYO, que, em certa época, eram utilizados como dinheiro. Há outros, um pouco menores, denominados OWÓ ÈRÒ, que são os mais usados.

De acordo com os mitos, a adivinhação pelos búzios foi introduzida pelo ÒRÌSÀ ÒSUN. *Òsun* começou a adivinhar para os clientes de Òrúnmìlà quando ele estava ausente. Assim que Òrúnmìlà descobriu, mandou Òşun embora. É por isso que Òşun não aprendeu completamente o sistema de jogo de Ifá.

Os búzios também são chamados de CAURIS, palavra que vem de KAURI, da língua hindustani, e valeram como moeda na China desde o 2º milênio a.C. Passaram para a África, e, no Congo, eram denominados NIIMBU e aqui foram chamados pelos indígenas de *jimbo* ou *zimbo*. Outros grupos faziam braceletes e colares com eles, devendo, naturalmente, atribuir-lhes efeitos mágicos e terapêuticos.

OS ODÙ NO JOGO DE BÚZIOS

A posição que os búzios tomam ao serem lançados durante o jogo é denominada de Odù. Para cada posição do búzio entre o lado aberto e o lado fechado, o Odù toma um nome diferente num total de 16, denominados *Ojú Odù,* ou seja, os Odù Principais. Cada Odú é analisado individualmente ou em conjunto. Possuem uma ordenação de precedência a fim de serem distinguidos os mais velhos dos mais novos.

Cada Odù possui a sua história baseada na FECUNDAÇÃO que lhe dá origem, o que lhe propicia posicioná-lo na tábua de colocação do jogo de 1 a 16. Esse posicionamento é importante para o *Jogo do Ìbò,* um procedimento auxiliar para as respostas do Jogo de Búzios, e que será explicado mais adiante.

Para efeito de comparação, vamos relacionar o posicionamento dos Odù no Jogo de Búzios e no Sistema de Ifá:

BÚZIOS	IFÁ
1 – ÒKÀNRÀN	1 – ÉJÌ OGBÈ
2 – ÉJÌ ÒKÒ	2 – ÒYÈKÚ MÉJÌ
3 – ẸTÀ ÒGÚNDÁ	3 – ÌWÒRÌ MÉJÌ
4 – ÌRÒSÙN	4 – ÒDÍ MÉJÌ
5 – ÒṢẸ́	5 – ÌRÒSÙN MÉJÌ
6 – ÒBÀRÀ	6 – ÒWÓNRÍN MÉJÌ
7 – ÒDÍ	7 – ÒBÀRÀ MÉJÌ
8 – ÉJÌ ONÍLẸ̀	8 – ÒKÀNRÀN MÉJÌ
9 – ÒSÁ	9 – ÒGÚNDÁ MÉJÌ
10 – ÒFÚN	10 – ÒSÁ MÉJÌ
11 – ÒWÓNRÍN	11 – ÌKÁ MÉJÌ
12 – ÈJÍLÁ ṢẸBỌRÀ	12 – ÒTÚRÚPÒN MÉJÌ
13 – ÉJÌ ỌLÓGBỌN	13 – OTÙWÁ MÉJÌ
14 – ÌKA	14 – ÌRẸTÈ MÉJÌ
15 – ÒGBEGÚNDÁ	15 – ÒṢẸ̀ MÉJÌ
16 – ÀLÀÁFÍÀ	16 – ÒFÚN MÉJÌ

Cada ODÙ tem uma personalidade definida, impondo tendências e determinando o ÒRÌṢÀ que responderá no jogo para se pronunciar sobre suas mensagens. Conhecer a natureza dos ODÙ e dos ÒRÌṢÀ é fundamental para uma análise correta das mensagens.

Os ODÙ relacionados no Jogo dos Búzios possuem um total de 70 caminhos – ẸSẸ – distribuídos de forma desigual entre si; ÉJÌ ONÍLẸ̀ é possuidor do maior número de caminhos (8).

Para cada caminho há uma história – ÌTÀN – que será analisada por analogia e determinará o tipo de ẸBỌ a ser realizado, se for o caso.

No decorrer de um jogo, um determinado lance pode determinar a necessidade de se dar caminho a um ODÙ – ADIMU – e que, indevidamente, se costuma dizer "despachar o odù". Nesses casos devem ser observados os ODÙ que não podem ser "despachados" e o que fazer diante dessa circunstância muito comum de ocorrer.

DISTRIBUIÇÃO DOS CAMINHOS ENTRE OS ODÙ DO JOGO DE BÚZIOS

1 – ÒKÀNRÀN   5 caminhos
2 – ÉJÌ ÒKÒ   4 caminhos
3 – ẸTÀ ÒGÚNDÁ   5 caminhos
4 – ÌRÒSÙN   5 caminhos
5 – ÒṢẸ́   5 caminhos
6 – ỌBÀRÀ   4 caminhos
7 – ODÍ   5 caminhos
8 – ÉJÌ ONÍLẸ̀   8 caminhos
9 – ÒSÁ   5 caminhos
10 – ÒFÚN   4 caminhos
11 – ỌWỌ́NRÍN   5 caminhos
12 – ÈJÌLÁ ṢEBỌRÀ   5 caminhos
13 – ÉJÌ ỌLỌ́GBỌN   5 caminhos
14 – ÌKA   5 caminhos
15 – OGBÈGÚNDÁ   –
16 – ÀLÀÁFÍÀ   –

O JOGO DE BÚZIOS E SUAS TRANSFORMAÇÕES

A partir do momento em que se delineou a organização do culto afro-yorubá no Brasil, ao tempo de Ìyá Nàsó e Bàbá Asika, ocorreram mudanças necessárias nas tradições trazidas pela gente do santo. O sistema divinatório foi uma delas, em particular o jogo de búzios, que sofreu transformações para ser utilizado pelas mulheres no início do século passado e, no futuro, por todos os dirigentes de candomblés que viriam a ser formados.

Essa simplificação, que tornou menos complexo o jogo, promoveu uma mudança de status religioso. A autoridade dos antigos *Bàbáláwo* que ocupavam a hierarquia máxima sacerdotal na África desapareceu aqui no Brasil. O acúmulo de funções entre aquele que joga e aquele que faz as iniciações ficou nas mãos tanto dos *Bàbálórìṣà* como das *Ìyálórìṣà*, dirigentes de seus respectivos candomblés. Ficou apenas o costume daquele que joga intitular-se *Bàbáláwo*, embora seu uso seja indevido, pois esse título é aplicado somente para aquele que joga o Ifá ou *Ọ̀pẹ̀lẹ̀ Ifá*, e são raras as pessoas que o fazem no Brasil.

O Brasil não adotou a cultura da iniciação ao sistema do jogo de búzios. As regras foram esquecidas e substituídas pela capacidade intuitiva e habilidade pessoal de observação. Foi a pressa pela conquista do poder que motivou a proliferação incontrolável de casas abertas onde todos jogam e fazem todos os tipos de obrigações. Até outros segmentos afros, como a Umbanda, adotaram o jogo de búzios como elemento auxiliar de consulta.

Em face dos limites de competência, tiveram estes dirigentes que realizar alguns artifícios complementares como jogo de cartas, tarô, runas e cristais. A experiência comprovou que a qualidade da grande parte dos olhadores caiu bastante, a ponto de gerar insegurança e incerteza por parte do consulente diante das mensagens recebidas. Isso vem motivando o costume das pessoas procurarem diversas mesas-de-jogo com o intuito de confirmar ou não aquilo que foi dito. Para certos tipos de olhadores isso não importa. O interesse é do público que o procura, que possibilita manter a casa através de pagamentos para a feitura de obrigações, sacudimentos e oferendas, propiciando que a casa cresça com as novas iniciações.

CARACTERÍSTICAS DOS ODÙ NO JOGO DE BÚZIOS

Os Odù relacionados a seguir, e que compõem o jogo de búzios, são uma síntese das histórias que formam seus caminhos. Isso quer dizer que nesse nosso trabalho não transcrevemos as histórias que compõem cada caminho. Optamos por apresentar o seu significado para aplicação na interpretação das jogadas. Eles serão apresentados com um resumo inicial do Odù, seguidos da personalidade que oferecem às pessoas. Os caminhos são representados pela interpretação que as histórias oferecem por analogias, e aplicadas aos problemas do consulente. Mais adiante, explicaremos isso melhor, através de alguns exemplos.

No tratado original do jogo não são analisados e nem denominados os Odù 15 e 16, por serem difíceis de surgir na mesa de jogo. Eles foram aqui incluídos sem desmembramentos, por termos pesquisado junto a diversos *olhadores* a importância comprovada dessas caídas. Fica a critério de cada um a sua utilização ou não.

Da mesma forma nos referimos ao *Odù Ìká,* que na sua forma original possui 6 caminhos. Este último caminho não foi por nós relacionado em razão dele servir apenas de apologia à importância de Ìká, como o grande encaminhador de ẹbọ.

Incluímos uma análise relativa à Energia como complemento à modalidade de jogo pela numerologia da data de nascimento da pessoa. Os lembretes referem-se às experiências observadas por diferentes *olhadores*, e que tiveram resultados positivos nas análises feitas.

〜〜〜 1 – ỌKÀNRÀN (1 BÚZIO ABERTO) 〜〜〜
FALA ÈṢÚ

Representa este Odù a magia boa ou má. Sabendo tratá-lo convenientemente, poderá ser usado para a defesa. Esta caída comunica maus presságios, tais como: roubo, ambição, discussão, inimizades, trabalhos feitos, perda de negócios, ruínas, susto e prisão. Novidades.

A pessoa sente dificuldade em realizar negócios face a interferência de inimigos invejosos. Deve-se retirar a perturbação para que Èṣù possa trabalhar em sua defesa. Quando este Odù aparecer, mandar alguém despachar a porta.

PERSONALIDADE – Homem ou mulher má – Dores de cabeça – Impotência – Perturbam a todos – Gostam de ficar sós – Aparência descuidada – Egoístas – Esquivos – Medrosos e tristes.

ENERGIA – Novidades, prosperidade, tumulto, visita de estranhos, situação negativa.

CAMINHOS DE ODÙ

1 – A pessoa acha-se em grande dificuldade e perigo, mas com coragem sairá vencedora.

2 – Pretende enganar a pessoa com riscos e traições; possibilidade de sucesso e fortuna através de uma artimanha ardilosa. Perigo de morte e inveja.

3 – Fala da ameaça de as pessoas perderem seus bens ou terem sucesso e fortuna através de artimanha.

4 – Perseguições, necessidades e inveja impedem o sucesso da pessoa. Será ajudada por Ògún com certeza de vitória.

5 – Esse caminho indica vitória em tudo. Proteção de Sàngó e Yánsàn.

LEMBRETES
Òkànràn indica sempre novidades.

Quando acompanhado de Òdí, avisa que estão para acontecer: rompimento amoroso, briga no trabalho, perda de dinheiro, prejuízo em maus negócios.

Ao passar para Òbàrà indica ajuda e prosperidade.

2 – ÉJÌ ÒKÒ (2 BÚZIOS ABERTOS)
FALA ÒṢÀLÚFỌ́N – IBÉJI – ÀBÍKÚ

Este Odù indica união, amizade, casamento, boas notícias, demandas a vencer, fim de sofrimento, tendência a triunfos e gravidez. Há perturbação de inimigos ocultos, mas há sempre a possibilidade de se realizar o que se pretende.

PERSONALIDADE – Pessoas alegres e felizes; dividem tudo o que têm. Têm sorte, mas não chegam a ficar ricas. São geniosas e exigentes. Impõem a sua vontade, por isso adquirem muitos inimigos. Devem guardar segredos de suas intenções. Quando nada lhes sai a contento, tornam-se sofridas, criando confusões; porém, possuem bom coração; assim, procuram reconsiderar e arrepender-se.

ENERGIA – Tendência a dores no estômago, a desistir das coisas no meio do caminho. Podem alcançar boa situação e, de repente, perderem tudo. Se se envolverem com o santo, poderão vir a ter cargo.

CAMINHOS DE ODÚ
1 – A pessoa vive com bastante dificuldade e inquietações. Mudanças previstas. Ibéji é o dono deste caminho e defende o consulente. Apesar das dificuldades, sairá vitorioso.

2 – Mostra a desarmonia existente entre casais, originando, por vezes, mau relacionamento sexual. Com prudência tudo se resolverá com ẹbọ.

3 – Revela lutas e disputas por bens entre famílias e sócios. Tendência à vitória. Guerra entre òrìṣà. Proteção de Ògún.

4 – A pessoa vem sendo enganada por falar demais e confiar nos outros. Irá encontrar o seu caminho, mas não deverá falar de suas vitórias. Disputa de poder.

LEMBRETES
Neste Odù responde AJÉ ṢÀLÚGÀ, a riqueza.

Este Odù proporciona altos e baixos devido a Éegun e Ibéji; verificar pai e mãe mortos. Aborrecimentos causados por filhos.

Ibéji é uma personalidade dividida, sendo Òṣàlúfọ́n o protetor das crianças.

Se a cliente espera filho, o Odù insiste.

Jogar para saber se a cabeça do consulente é igual à nossa; pergunta a Èṣù, Yemọja ou Òṣun, se alguns deles responderem *Éjì Òkò* é porque é.

Casos de Abìkú devido à presença de Ibéji.

Os 3º e 4º caminhos indicam casamento. Confirmar.

3 – ẸTÀ ÒGÚNDÁ (3 BÚZIOS ABERTOS)
FALA ÒGÚN – YEMỌJA

Òtún representa a espada da lei, sendo, portanto, o Senhor de Batalha deste Odù. A pessoa deve consultar suas próprias forças para não recuar diante de qualquer situação existente. Indica muita luta para o consulente, dificuldades, prejuízos e graves conseqüências todas as vezes que tenta realizar um projeto. Nesses casos, é preciso ter muita calma e paciência, pois é assim o caminho imposto por esse Odù.

Esse Odù ainda fala de papéis e documentos comprometedores, problemas com a polícia ou justiça; doenças graves e acidentes; pessoa da família com risco de morte; em meio a amigos haverá a possibilidade de um traidor. Não discutir, pois poderá terminar em sangue.

PERSONALIDADE – Os homens desse Odù são muito viris; para as mulheres, ele proporciona fertilidade, mas não sexualidade – Têm pés chatos – Autoritários e com duas caras – Mentirosos – Mesmo que tenham culpa, dizem: "Não fui eu". Depois arrependem-se.

ENERGIA – Dores no estômago, pulmões, laringe, faringe, sinusite, cansaço no peito. Facilidade de se mudar em tudo: casa, emprego, casa-de-santo e amor. Arrotos. Problemas ósseos.

CAMINHOS DE ODÙ
1 – Esse caminho indica que a morte está perto, devendo fazer um ẹbọ para afastá-la.

2 – Indica que se deve ter cuidado com pessoas ingratas que por vezes nos cercam, não se devendo confiar certos segredos e romances a qualquer pessoa, pois uma irá trair-nos. Doença. Ajuda de Èṣù com vitória.

3 – Avisa de tramas, inveja no seu local de trabalho, com tentativas para derrubá-lo. Garantia de sucesso com futura liderança.

4 – Tenha calma e paciência para vencer, mesmo se fizer ẹbọ. Há garantia de sucesso, embora com desconfiança dos outros.

5 – Prediz melhora de situação, pois o mal que o aflige não é maior que o mal daqueles que não conhecemos. Fala de certa situação financeira que o cliente possuiu. Está em desespero com indução ao suicídio. Deve manter-se sereno, pois irá recuperar o que perdeu mediante observação profunda.

LEMBRETES
Na energia, verificar envolvimento com Ọbalúwáiyé, observando o outro lado do jogo (os búzios fechados);

Se a seguir cair ODI e ỌKANRAN haverá sérios aborrecimentos; se o assunto é sobre o santo, há muita angústia. Fazer bọri.

Saindo duas vezes, tudo ruim.

Se a seguir sair ÉJÌ ONÍLẸ̀ e Ọ̀FÚN, aviso de boas notícias.

Verificar problemas na justiça.

Este Odù é olho-por-olho, dente-por-dente.

4 – ÌRÒSÙN (4 BÚZIOS ABERTOS)
FALA YÁNSÀN – ÉEGUN – YEMỌJA – ỌṢỌ́ỌSÌ

Nesse Odù fala principalmente Yánsàn, que representa a decisão. Indica grandes desgraças, ciladas e roubos. Há falsidade dentro de casa, golpes familiares, muita confusão e indecisão. O cliente vive cercado de falsos amigos. As pessoas sofrem e perdem muito por falarem demais. O cliente está sujeito a prantos, dificuldades, prudência e futuro brilhante.

PERSONALIDADE – As pessoas deste Odù pecam e sofrem por não guardarem segredo, exceto quando lhes é conveniente – Faladoras, generosas e francas – Orgulhosas e exaltadas – Problemas circulatórios, cardíacos e inflamações.

ENERGIA – Traz principalmente problemas familiares. Este Odù traz ÉEGUN, e quando aparece deve-se colocar Atin nas pálpebras 3 vezes para abrandar a parte negativa deste Odù. Fala em doenças sérias; quando aparecer no jogo deve-se perguntar se o caso é material ou espiritual. A pessoa sente fraqueza, tonteira, vômito, e fica amarela.

CAMINHOS DE ODÙ

1 – Prediz uma grande falsidade; havendo cautela, o ẹbọ fará com que se vença a trama.

2 – Maledicência e injúria estão nesse caminho. Doença, falta de conforto e pessoas que falam demais. Deve haver coragem e resignação para sair-se vitorioso.

3 – Prediz vencer dívidas ou ganho na disputa de poder, sendo que, para tal, a pessoa não deve ser orgulhosa e cumprir todas as determinações. Há rivalidade com pessoa que o cerca, mas prediz também melhora de posição. Guardar segredos de seus objetivos. Saber se o cliente declarou guerra ou está em disputa com alguém.

4 – Indica vexame ou engodo que alguém está passando; é uma pessoa melodramática que não se deve deixar levar por falsos sofrimentos. Receberá ajuda inesperada de alguém.

5 – Esse caminho lembra que se deve dar para receber. Desvio de dinheiro, casa comercial com problemas. A pessoa, sendo generosa, terá como retribuição uma ajuda nos momentos mais difíceis. Proteção de Ògún.

LEMBRETES

Se na jogada anterior sair ÒDÍ, terá notícias de morte, perda ou roubo.

Se ÒDÍ sair depois de ÌRÒSÙN, o cliente terá grandes perdas.

Esse Odù exerce grande influência em ÒDÍ e ÒFÚN.

Se for mulher buscando homem, pode desistir, pois não vai conseguir (isso em qualquer posição que cair a jogada). Ou vice-versa, pois um não serve para o outro.

Se sair duas vezes, a pessoa é de Ògún ou Ọ̀ṣọ́ọ̀sì. Confirmar.

5 – ỌṢẸ́ (5 BÚZIOS ABERTOS)
FALA ỌMỌLU – ỌṢUN – ÌYÁMI

Fala de grandes homens, ministérios, caráter, mediunidade e cargos em terreiros. Tendência a grandes triunfos. Este Odù indica feitiços, pois é ele que sempre acompanha os feiticeiros; trabalho, luta e começo de um empreendimento.

Os Òrìṣà defendem as pessoas de tudo o que for possível neste Odù.

PERSONALIDADE – Gostam de muito prazer; são pessoas bem influentes, charmosas, ambiciosas e perigosas, principalmente no amor. Só pensam em lucros, são precipitadas no agir; perdem grandes oportunidades por existirem inimigos ocultos que impedem as vitórias. Têm o dom da feitiçaria. Aplicadas no trabalho. Honestas. São limpas, choronas e fanáticas. Iniciativa própria.

ENERGIA – Tem ou terá doença grave, principalmente de barriga. Problemas de vista. Mulheres com problemas ginecológicos; gravidez e perda de virgindade. Catarata e artrose.

CAMINHOS DE ODÙ

1 – Revela pessoa ambiciosa sem limites e que usa os outros. Deve ter muito cuidado e cautela na forma de adquirir dinheiro ou

outros recursos na vida. Tem grande possibilidade de obter o que deseja.

2 – Deve ter muita calma, pois passará por dissabores e vergonha. Complicações familiares pelo não cumprimento de obrigações. Problemas com a justiça. Com prudência tudo poderá ser superado.

3 – Grandes lutas ou conflito com alguém. Traição no meio de duas pessoas. Se houver interesse por parte da pessoa, sairá vencedora.

4 – Separação pelo não cumprimento de promessa; se prometeu alguma coisa, deve cumprir, especialmente a Òṣun. Perda de ente querido.

5 – A pessoa está tentando obter algo por caminhos tortos (traindo alguém com mentiras); para que a pessoa suba, alguém cairá. Tendo calma terá grande prosperidade se fizer o ẹbọ recomendado.

LEMBRETES
ỌṢÉ destrói todos os seus inimigos, mesmo que não se faça nada. Quando o cliente vem à mesa de jogo e ỌṢÉ sai muitas vezes, tem carrego de santo ou é feito.

ỌṢÉ determina grandes causas, e está sempre pronto a defender e ajudar o consulente; determina fins de sofrimento quando está à direita; também traz grandes esperanças e triunfos.

Ọmọlu é o defensor das grandes causas.

Caindo duas vezes seguidas é falsidade provavelmente de uma mulher ou pelos caminhos de uma mulher.

Se em seguida sair ỌWỌ́NRÍN, morte ou cirurgia a caminho.

Se em seguida sair ỌKÀNRÀN, corte em romances.

Se em seguida sair ÒDÍ, inveja.

ÒDÍ antes de ỌṢẸ́, a pessoa está sendo enganada.

Esse Odù também é ligado a Ṣàngó, Èṣù e Ògún.

Caindo três vezes seguidas, feitiçaria, miséria, desemprego.

Nesse Odù falam as forças da natureza, magos e feiticeiros, e também Odùdúwà.

Esse odù tem enredo com as águas.

Na 3ª caída está comunicando doença. Há feitiço porque Ìyàmi fala em ỌṢẸ́.

~~~ 6 – ÒBÀRÀ (6 BÚZIOS ABERTOS) ~~~
FALA ṢÀNGÓ – ÒṢọ́ọ̀SÌ – ORÍ

As pessoas desse Odù são vítimas de calúnias, fuxico, casos na justiça, casos amorosos sempre com fracasso. Têm grandes idéias, mas por vezes não sabem como realizá-las. Terão auxílio inesperado por parte de alguém. Podem procurar amigos que a ajudarão, pois contam com grande proteção espiritual.

Esse Odù traz roubo, inveja e muito feitiço, motivado pela inveja que seus descendentes causam mesmo sem ter nada.

PERSONALIDADE – Algumas vezes fracassam por não saberem pedir ajuda, mas se procurarem serão prontamente ajudadas. Dor de cabeça que ataca de tempos em tempos. Prosperidade – Pessoas alegres, festivas e fartas. Liderança e religiosidade. São sinceras, por isso se envolvem em problemas que não lhes dizem respeito. Artistas, temperamentais e avarentas.

ENERGIA – Normalmente essas pessoas apresentam problemas de rins; são dadas ao comércio; muito falantes e agradáveis; meio paranóicas e com tendência à depressão.

CAMINHOS DE ODÙ

1 – É preciso muita calma e precaução a fim de se evitar falsidade, cilada ou malícia de seus semelhantes.

2 – Avisa de moléstias com filhos ou parentes próximos ao cliente. Deve haver cuidado também contra roubos e outros contratempos.

3 – Mudança de casa ou de posição profissional, e que terá bom êxito fazendo o ẹbọ.

4 – Anuncia prosperidade rápida e possibilidade de ser feliz monetariamente, bastando agir com paciência e humildade.

LEMBRETES

É um Odù de altos e baixos, mas nunca chegando a se perder tudo e voltando à boa situação anterior.

Recebe ajuda dos outros Odù.

ỌBÀRÀ, na 3ª e 4ª posições, a pessoa (ou o pai ou a mãe) pode ser Abìkú.

Quando sair duas ou três vezes na Energia, perguntar se não houve problemas na gravidez ou no parto.

Ọbàrà duas vezes, agitação na vida da pessoa.

Em Ọbàrà, fala a cabeça. Dores de cabeça. Indica bọri.

Ọ̀bàrà é um Odù de aspectos positivos, embora o seu lado negativo seja terrível.

Esse Odù proíbe comer abóbora, vestir roupa rasgada e ficar em tocas.

Dor de cabeça, dinheiro escasso; se ỌBÀRÀ se posicionar no jogo, é preciso fazer o que ele determina.

7 – ÒDÍ (7 BÚZIOS ABERTOS)
FALA ỌṢUN – ÈṢÙ

As pessoas ligadas a esse Odù são influentes, gostam dos prazeres, são ambiciosas, pensam em grandes lucros e viagens. Sempre fracassam no amor. Sofrem perturbações por coisas simples. Não sabem agir e perdem grandes oportunidades. Precisam de orientação. Mudanças.

Esse Odù poderá ser muito bom, mas traz desgosto, banalidade, imoralidade e perda de virgindade. Para pessoas doentes significa morte; porém vencerá com fé e coragem.

Fala em guerra, barulho, perseguição, fuxico, estando a pessoa sempre sofrendo; mas trata-se de pessoas de futuro.

PERSONALIDADE – Pessoas inteligentes, de boa memória, desconfiadas e ciumentas. Tudo o que querem, elas obtêm, mas com pouca duração. No lado positivo traz sorte no jogo e no amor. Caminhos de homossexualidade. É um odù de cargo. São pessoas que gostam de adivinhar.

ENERGIA – Pessoa fuxiqueira e que não guarda segredo; tudo que faz é falso ou interessado. Se for mulher casada não é fiel. O que tem, entra por uma mão e sai pela outra. Problemas de pele, alergias e eczemas.

CAMINHOS DE ODÙ

1 – Perseguição e dificuldades existentes, mas que serão desembaraçadas. Ameaças.

2 – Avisa de pessoa inescrupulosa à sua volta, mas terá probabilidade de, mais cedo ou mais tarde, possuir tudo que deseja. Coisas a herdar.

3 – Há dissabores que serão momentâneos. Logo passarão com dias de prosperidade.

4 – Recomenda-se cautela diante de dificuldades e dissabores, mas vencerá com grande força de vontade. Viagem curta, onde encontrará quem a ajudará. Envolvimento com a justiça. Sofrerá de uma doença, mas será passageira. Deve cuidar da saúde.

5 – Deve ter calma, paciência e coragem por mais crítica que seja a situação. Discórdias devido a negócios ou herança. Verificar. Ter sempre em mente que irá vencer.

LEMBRETES

ÒDÍ duas vezes ou mais, perigo de vida, doenças graves, impotência, choro por morte.

ÒDÍ na 3ª e 4ª posições indica Abìkú.

As 7 chamadas de ÒDÍ são:
ÒDÍ NKANKA
ÒDÍ LẸLẸ
ÒDÍ ỌSA
ÒDÍ SAKẸKẸ
ÒDÍ KỌMỌ (N)
ÒDÍ KỌMỌJE
ÒDÍ NKANKA ỌJẸ

ÒDÍ é portador de mensagens, quase sempre ruins.

A pessoa já praticou uma falsidade e tem olho grande nas coisas dos outros.

Tem que fazer uma viagem.

Não pode dormir em rede, tomar banho de mar e montar a cavalo. Fuxiqueira e faladeira.

ÒDÍ é o Odù dos buracos.

Quem é de ÒDÍ não deve entrar em cemitério.

8 – ÉJÌ ONÍLẸ̀ (8 BÚZIOS ABERTOS)
FALA ÒSÀLÁ E ṢÀNGÓ

É um Odù de grande proteção espiritual. Pessoas que possuem boas amizades, procuram a calma, mas se deixam trair pelo gênio que possuem. Por vezes são até vingativas. Em regra geral são sinceras, delicadas, honestas e de grandes paixões. Sofrem às vezes pelos amigos. Avisa de acidentes, doenças, traições e roubos. Quando fala de doença é muito perigoso, pois é capaz até de enganar a morte.

Avisa também de discussões e brigas, pancadaria, polícia; a mentira toma conta da verdade. O uso de roupas brancas evitará a guerra. Traz tendências suicidas e também cargo de santo. Interfere nos outros Odù, fazendo-se prevalecer.

PERSONALIDADE – Gostam de tudo rápido e por isso comem cru e passam mal; é um Odù que exige asseio, limpeza, penitência e roupas brancas. Devem ter cuidado com acidentes, principalmente automobilísticos. Pessoas impulsivas.

ENERGIA – Pessoas de espírito livre; enjoam de tudo facilmente. Tendência à transpiração nas mãos e pés; dores de cabeça. Paixões violentas; quando não procuram confusão, a confusão as procura.

CAMINHOS DE ODÙ

1 – Prediz tormentos constantes. Verificar problemas de saúde também dentro de casa. Deve agir com sagacidade para afastar os perigos que deverá enfrentar. Problemas relacionados com o santo. Verificar.

2 – Problemas com a saúde, até mesmo com pessoas próximas. Com cuidado e atenção sairá vencedora. Se estiver doente, repousar.

3 – Boas notícias. Desentendimentos com a pessoa amada. Brevemente a paz retornará.

4 – Vida cheia de sucessos. Deverá cumprir as obrigações ao longo da vida, e será feliz com sua(seu) companheira(o). Se for coisa de casamento ou união, tudo sairá bem fazendo o ẹbọ.

5 – Desavenças dentro de casa, que poderão ser sanadas desde que uma das partes recue. Ciúmes. Talvez uma criança venha solucionar tudo. Verificar separação e algo ligado à justiça.

6 – Indica reconciliação favorável no lar. Verificar o que o jogo determina para que haja sucesso.

7 – Indica mudança, teimosia, desobediência. A pessoa terá prosperidade na cidade em que estiver e nunca em sua cidade natal. Esse caminho precisa ser bem interpretado e desenvolvido.

8 – As condições de vida deverão ter uma melhora súbita. Surgimento de uma pessoa para ajudar.

LEMBRETES

Recomenda-se, quando aparecer esse Odù no jogo, que o olhador se levante em sinal de reverência.

ÉJÌ-ONÍLẸ̀ duas vezes, falsidade.

Mulher desse Odù não deverá casar, pois não será feliz no casamento. (Verificar.) Ẹbọ – 3 banhos e 3 trocas de roupa branca.

9 – ÒSÀ (9 BÚZIOS ABERTOS)
FALA YEMỌJA – YÁNSÁN – ORÍ

Esse Odù fala em autoridade, capricho, teimosia, grandes desastres, caminhos de abismo, caminhos perigosos, viagens, espírito com má notícia, falsidade, perseguição de mulher ou homem. Uma perda lhe trará desgosto. Esse Odù indica também a presença de Éegun, que impede a realização de projetos. Fuga, reflexão, guerra e abundância.

PERSONALIDADE – Pessoas de grande inteligência, lutadoras e que contam com a proteção de Òṣàlá e Ṣàngó. Vivem cercadas de pessoas que fingem ser suas amigas. Devem ter muita força de vontade para realizar o que desejam. Indica carrego de santo ou cargo de santo.

ENERGIA – Desespero por não realizar aquilo que desejam. Autoritarismo, teimosia, acidentes em viagens. Ọsa traz problemas sexuais e problemas sérios na região da barriga.

CAMINHOS DE ODÙ
1 – Máxima cautela a fim de se afastar de uma cilada premeditada

ou inimigo oculto. Tendo muito cuidado, estará livre dos dissabores. Vingança. Ẹbọ posto por alguém.

2 – Anuncia muitas perseguições, inveja de toda sorte de inimizades, mas com muita cautela sairá vencedora. Ẹbọ posto por alguém.

3 – Neste caminho, deve-se ter muita habilidade para superar todo clima, por mais pesado que seja, sobre a pessoa. Èṣù garantindo sucesso em tudo.

4 – Pode-se afirmar sucesso em tudo. Vivendo momentos de calma. Obrigação para Ọsányìn. Problemas de santo. Verificar.

5 – Assegura melhora de vida em tão favorável época. Anime-se, pois está próxima da felicidade em seus negócios. Terá ajuda de alguém influente.

LEMBRETES

Este Odù indica a presença de Éegun.

Ọsá, saindo na 1ª jogada, despachar Èṣù.

Se antes sair Ọṣé, disputa de amor.

Se depois sair Ọ̀kànràn, trabalhos de Èṣù.

Saindo duas vezes, Éegun perturbando, doença, roubo.

Numa consulta para mulher grávida, anuncia aborto e hemorragia.

Desfechos de amizade.

10 – ÒFÚN (10 BÚZIOS ABERTOS)
FALA ÒṢÀLÁ

Esse Odù envolve doenças que levam quase sempre a cirurgias, principalmente ligadas à barriga e à esterectomia. Quase sempre as mulheres desse Odù, ou influenciadas por ele, abortam, levando-as a risco de vida. Recomenda-se orientação ao cliente por causa de uma série de perturbações. Conseqüências amorosas, com prejuízos pessoais e até casos de honra. Esse Odù não gosta da cor preta. Quando aparecer isolado, pode-se afirmar que é doença de barriga. Aconselha-se dar bọri. Recomenda-se, quando ele aparece na mesa, que ambos se levantem. Se for caída MÉJÌ, fica-se de frente para a rua, leva-se a mão à barriga, elevando-a ao tempo em seguida. De certa forma são pessoas vingativas e orgulhosas.

PERSONALIDADE – Pessoas sinceras, honestas e inteligentes, que sabem fazer boas amizades. São vítimas de cirurgia; mulher, gravidez perdida. É um Odù velho, teimoso e ciumento. Deve usar branco. É um Odù de sofrimento. Quando dorme, se assusta. Tem zumbidos no ouvido. Já acordou chorando. Sonhos. Vivem muitos anos. Costumam ter tudo depois da meia-idade.

ENERGIA – Conseguem tudo com grande sacrifício. Lentidão. Conquistas emocionais, culturais e econômicas. Aprendem porque são inteligentes. Não podem ser forçadas a nada. Tendência a dormir muito. Detestam banho frio.

CAMINHOS DE ODÚ

1 – Prediz perseguições e perturbações. A pessoa está cercada de más companhias e se livrará delas mediante a feitura de um ẹbọ.

2 – Prediz doença grave, atual ou futura, gravidez ou doença de barriga, podendo-se garantir melhora.

3 – Prediz grandes possibilidades de se obter algo, se for generosa com seus semelhantes. Verificar problemas com referência ao santo.

4 – Vencerá todos os obstáculos existentes, pois Òfún, nesse caminho, é de uma benevolência inexplicável quando se propõe a ajudar. Futuro brilhante na profissão.

LEMBRETES

Òfún é um Odù que indica sofrimento.

Por desgosto já quis se suicidar.

A pessoa sempre ouve pisadas atrás de si e sente arrepios.

Mulheres desse Odù quase sempre perdem a gravidez com risco de vida.

Não podem ser forçadas a nada. Se forçadas, não fazem nada.

Detestam banho frio. Dores nas pernas em qualquer posição. Suores e problemas respiratórios.

Quem é do Odù Òfún tem problema com a terra.

A pessoa terá o que espera, mas com luta e tristeza.

11 – ỌWỌ́NRÍN (11 BÚZIOS ABERTOS)
FALA ÈṢÙ, YÁNSÀ

Esse Odù adverte que a pessoa para quem se joga está carregada, sob má influência espiritual. Sendo homem, é volúvel e sem fé. Luta com dificuldades para realizar um grande projeto. Recomenda-se calma ou perderá tudo. Surpresa, ingratidão.

Doença passageira, pois o próprio Odù revela quem tem de morrer; não adoece, morre logo. Satisfação, dificuldade.

PERSONALIDADE – As pessoas desse Odù sofrem de doenças que fazem com que corram o risco de morrer de uma hora para outra (enfermidade ou acidente). Se cair para quem vai ser operado, é ruim. Surpreendem com morte repentina, não deixando a pessoa doente por muito tempo. Em qualquer cirurgia dá-se comida para Òṣun, que é a dona da pele. Se homem, é volúvel. São pessoas nervosas e ciumentas. Perseguição de Èṣù.

ENERGIA – São atacadas pela calúnia, difamação, falso testemunho, magia e perseguições. Cuidado com objetos cortantes e queimaduras. Se sair no jogo, perguntar se houve problemas sérios com bebidas.

CAMINHOS DE ODÙ

1 – Grandes represálias e vinganças ocultas. Com calma e ânimo, vencerá, pois tudo está a favor. Problemas relacionados com crianças. Aviso de perdas.

2 – Prediz que a pessoa vive em precariedade; usando, porém, a folha da fortuna, muita coisa poderá mudar. Grandes poderes na sociedade.

3 – Prediz perseguições irritantes e às vezes intoleráveis. Muitas dificuldades na vida, também em seu local de trabalho. Qualquer que seja o embaraço, vencerá.

4 – Prediz estar a pessoa em grande necessidade de tudo na vida, mas vencerá com a proteção de Òşun.

5 – Problemas financeiros; com muita luta o sucesso virá através do seu próprio esforço.

LEMBRETES
Se sair Òsá a seguir, despachar Èşù.

Problemas de barriga. Falta de regras ou regras demais. Nesse caso fazer um oja para a pessoa usar e depois botar em cima de Òşun. Fazer um omolokun.

Se sair Òwónrín, a pessoa é de Òşun ou Òşun está falando.

Geralmente consegue tudo na juventude.

Pessoa ciumenta. Carta a receber de parente ou amigo.

12 – ÉJÌLÀ ṢẸBỌRÀ
(12 BÚZIOS ABERTOS)
FALA ṢÀNGÓ

Esse Odù indica pessoas boas, prestativas, inteligentes e até mesmo arrogantes, mas de bom coração e justas. Mesmo não ocupando grandes cargos, não perdem suas qualidades regidas pelo Òrìṣà Ṣàngó. Inquietudes.

Quando este Odù aparece, adverte a pessoa que subirá de vida ou então se arruinará. Mostra dores de cabeça e pessoa doida na família. O que esse Odù determina é mais para gente ligada às coisas do campo. Pode-se dizer que encontrará ajuda de um amigo. Uma herança. Avisa que uma mulher ou homem (verificar) lhe causará muita dificuldade. Conforme combinação com Ọsá, indica pessoa ébria. Vitória, agonia.

Recomenda-se soprar o jogo para a rua quando sair na 1ª jogada; é bom fechar a mesa para o consulente, pois fala em desgraça total (prisão, briga, miséria, ruína, perda de tudo). Recomenda-se não sair de casa sem fazer ẹbọ.

PERSONALIDADE – Esse Odù representa situação perigosa; a pessoa tanto pode subir quanto pode descer, pois Ṣàngó é assistido pelos seus 12 ministros (6 condenam, 6 absolvem). Se homem, pode ser mulherengo. Sua vida é mais para o campo do que para a cidade. São pessoas prestativas e também arrogantes.

ENERGIA – Pessoas barulhentas, intrigantes, gostam de fuxicos, inventam novidades, orgulhosas e guerreiras. São destinadas a resolver problemas de papéis para a família. São alegres e dependentes; podem chegar à ira de repente. Problemas mentais, sanguíneos, diabete e hipertensão.

CAMINHOS DE ODÙ

1 – Revela que a pessoa teve uma situação equilibrada e que não deu ouvido a alguém que sempre esteve ao seu lado. É provável que tenha pisado em muita gente e, assim, o feitiço tenha virado contra ela. Vai passar grandes dificuldades; entretanto, ocorrerão mudanças importantes que lhe trarão vitórias.

2 – Prediz cautela com o que se fala, pois poderá se prejudicar por isso. Há falcatrua feita a alguém, até mesmo fofoca armada pela pessoa que está se consultando. Precisará de muita astúcia para superar. Haverá ajuda de Èṣù.

3 – Coisas a herdar por morte de alguém.

4 – Prediz problemas com um dos filhos (verificar) ou parentes próximos. Situação financeira, doenças, problemas de santo.

5 – Diz de dificuldades pelas quais está atravessando. Problemas com Éegun. Mas sem muita dificuldade e com ẹbọ, tudo lhe será favorável.

LEMBRETES

ÉJÌLÁ ṢẸBỌRÀ duas vezes seguidas quer a cabeça do cliente para obrigação.

ÉJÌLÁ ṢẸBỌRÀ na 3ª caída, obrigação feita e que não foi aceita; problemas de papéis a resolver com a justiça.
Os 12 ministros de Ṣàngó são:

Ọ̀tún	Òsì
Abíọdún	Ọ̀nànṣokùn
Ààrẹ	Árẹsà
Àrólú	Eléèrìn
Tẹ̀là	Oníkòyí
Ọ̀dọ̀fin	Olùgbọn
Kakamfo	Ṣọ̀run

Quando este Odù aparece, nada se pergunta e nem se fala. Ele não gosta de ser questionado. O cliente atravessa situação financeira difícil.

A inconstância é a sua característica.

Troca de parceiros.

Em alguns casos, quando esse Odù se posicionar no jogo, despachar a porta; passar uma cebola, vela e ovo na pessoa. Despachar a rua. Não cobrar o jogo; descascar e cortar a cebola em três, para cortar as coisas ruins; quebrar a vela e quebrar o ovo na rua.
Dar um àmàlà para Ṣàngó.

13 – ÉJÌ OLOGBON
(13 BÚZIOS ABERTOS)
FALA NÀNÁ – OBALÚWÁIYÉ – ÉEGUN

São considerados os Òrìṣà mais velhos. Quem estiver sob o domínio desse Odù, vencerá as maiores dificuldades. Não possuem muita sorte com amores, por isso vivem sempre com grandes perturbações à sua volta. São pessoas trabalhadeiras, honestas, que possuem grande vontade própria.

Esse Odù representa a morte, desgosto, destruição e traição. Pode ser um fim de sofrimento, morrendo o passado, fazendo surgir um mundo novo.

Verificar morte em família. Trabalhos feitos, principalmente em cemitério. Luta, astúcia, sagacidade.

PERSONALIDADE – Têm pavor da morte; são ligadas ao sexo. Escondem-se em seu interior, aparentando uma felicidade que não possuem. Metem-se em tudo que não lhes diz respeito. Pessoas dóceis.

ENERGIA – Impressionáveis e influenciáveis. Cuidado com a velhice para não sofrerem decadências e perdas de valores. Dores nos ossos, artrites, artroses, coluna, dores no corpo sem saber exatamente onde dói.

CAMINHOS DE ODÙ

1 – Seja sempre previdente nas suas idéias e ações, pois paralelamente alguém lhe é competidor. Aliando-se à inteligência em vez da luta, vencerá na certa. Grandes conflitos em seus negócios por ẹbọ feito; há disputa de posição. Verificar Ibéji.

2 – Prediz grande anarquia em todo o sentido de sua vida. A pessoa vive em desacordo com alguém e deve resolver logo o problema.

3 – Cuidado com a pessoa que está ajudando a fim de que ela não seja uma arma futura contra tudo, pois a verdade anda sobre as águas.

4 – Permaneça forte em todas as situações. Use de astúcia. Problemas com Éẹgun; ajuda de Ògún. Devoção com as almas.

5 – Contrariedades. Problemas com roubo, ocorrido ou a ocorrer. Pessoa bem perto (30 dias).

LEMBRETES

Esse Odù também pede cabeça para obrigação.
Pessoas desse odù preferem ser dirigidas, viver em grupo.

14 – ÌKA (14 BÚZIOS ABERTOS)
FALA ÒṢÙMÀRÈ – ÒṢÁNYÌN – IBÉJI

As pessoas influenciadas por esse Odù são confiantes e deixam passar a felicidade para se arrependerem depois.

Mostra despertar, surpresas, dinheiro, lucros, amores e novas amizades. Novidades para acontecer.

Demanda, algo pendente, paixões e doença passageira. Não demonstram firmeza naquilo que realmente querem, pois são inconstantes. Fazem boa amizade, bons cálculos, são bons amigos, gostam dos prazeres. Perversidade, remorso, paz, fortuna, vitória e bem-estar.

PERSONALIDADE – São pessoas confiantes, fazem boas amizades, têm muitos amigos; não costumam confiar em suas amizades. Impulsivas e corajosas. São heróis em potencial.

ENERGIA – Aproveitar os sonhos que têm. Já estiveram bem.

CAMINHOS DE ODÙ
1 – Cautela para evitar desastres, perversidades, maldade com o propósito de vingança oculta por coisa banal.

2 – Cuidado com pessoa aliada em negócios. É o mesmo prognóstico anterior, mostrando ainda uma situação de confusão no caminho.

3 – A pessoa deve se afastar de casa por alguns dias; tirar férias; aproveitar convites para viajar.

4 – Esse caminho ressalta o poder de ÌKA sobre os ẹbọ. A pessoa deve ter paciência e obediência, pois será muito apreciada pelo seu valor e prestígio social.

5 – A pessoa passa por problemas financeiros. Irá receber uma ajuda financeira de alguém, e a sua situação irá melhorar. As aparências são importantes nesse caminho.

LEMBRETES
Esse Odù indica cargo de santo, e, quando sai, deve ser presenteado.

Está para fazer um negócio com grande vantagem. Alguns problemas devido a cabeça quente, induzido talvez por mulher, mas vai melhorar.

15 – OGBÈGÚNDÁ
(15 BÚZIOS ABERTOS)
FALA ỌBÀ – IYEWA – YEMỌJA – ÒGÚN

Representa esse Odù a paga, a justiça com retidão. As pessoas desse Odù são favorecidas em negócios, mas com poucos lucros e muito pouco sucesso. Com muita luta podem vencer.

Avisa de mudança repentina, desvios, perdas, amores com perturbações, guerra de homem ou mulher por sua causa.

Pessoas com problemas nas pernas. Negócios com poucas probabilidades de sucesso.

Desejo de conquista e domínio. Pessoas corajosas, audazes e presunçosas. Solícitas e de caráter altivo.

Amantes do trabalho e batalhadoras.

Esse Odù também é denominado de Kalelogun.

Não oferece caminhos.

16 – ÀLÁÀFÍÀ (16 BÚZIOS ABERTOS)
FALA ÒRÚNMÌLÀ

O grande e supremo Òrìṣà que responde por todos os outros. Representa o Sol, a Luz, o desembaraço, a verdade, a felicidade e a tranqüilidade.

Significa triunfo em tudo, lucros, heranças, viagens felizes, boas propostas, amores a realizar. Necessita de alguma orientação, pois a aflição lhe é aparente.

Consagre os domingos para seus negócios e use sempre branco às sextas-feiras.

Felicidade, heranças, viagens, propostas, não ficar aflito, pois tem a felicidade nas mãos. Basta ordenar tudo. É preciso positivar a sua vida.

No jogo, verificar se o Odù veio por bem ou por mal.

OS CAMINHOS DE ODÙ NO JOGO DE BÚZIOS

O jogo de búzios projetado no Brasil utiliza-se de 16 búzios equivalentes aos 16 Odù principais, já definidos anteriormente. Vimos também que os Odù se desmembram em caminhos, possuindo cada um deles 4, 5 ou até 8 caminhos, como é o caso de Éjì Onílè, que divide o jogo. Ogbègúndá (15) e Àlààfíà (16) não se desmembram, por serem caídas raras durante um jogo. Quando isso ocorre, deverão ser analisados pelas suas características próprias.

Há um total de 70 caminhos distribuídos entre Òkànràn (1) e Ìka (14), para cada caminho uma mensagem a ser interpretada e aplicada ao jogo.

Cada um desses caminhos corresponde a uma história sobre casos de como certas figuras mitológicas – homens, mulheres, animais, plantas, pássaros – eram em outros tempos. De que forma reagiram diante de situações diversas e quais os resultados de suas ações. Em outras palavras, as histórias ou lendas representam as experiências das pessoas que viveram no passado. O exemplo de suas experiências é agora utilizado para responder às indagações do presente.

No jogo de Ifá, conforme já explicamos, essas histórias são

declamadas pelo jogador em forma de versos, a fim de que o próprio consulente identifique a parte da história que se aplica ao seu caso. O exemplo de como o personagem da narrativa solucionou seu problema será aproveitado para resolver o do próprio consulente.

O sistema de jogo no Brasil não funcionou dessa forma. Foi simplificado sem perda de sua essência divinatória. Não são usados os 256 odù e as mais de 4.000 histórias e versos que os compõem. Somente os 16 odù principais, desmembrados em caminhos. Os caminhos, conhecidos por Ẹsẹ, não são declamados por quem joga, mesmo porque tanto quem joga quanto o consulente teriam de entender o idioma yorubá, o que não acontece. O que se faz, então? Há apenas a interpretação da narrativa a que o caminho do odù está ligado e aplicado ao caso do consulente através de explicações dadas por quem joga. O ẹbọ propiciatório terá elementos revelados na história.

INTERPRETAÇÃO DOS CAMINHOS DE ODÙ

Na relação dos caminhos apresentados no capítulo referente à análise dos 16 Odù colocamos em síntese a mensagem final extraída da narrativa e que deverá ser devidamente memorizada por quem deseja jogar. Para um melhor entendimento, vamos dar alguns exemplos de histórias encerradas nos caminhos de Odù e como funciona a forma de interpretação a ser aplicada no jogo. Selecionamos histórias com personagens diferentes entre Òrìṣà, homens e animais.

1º EXEMPLO:

Narrativa do 4º Caminho de Òkànràn
Conta que um pobre peregrino vivia passando por diversos locais, trabalhando e fazendo suas plantações. Quando tudo ficava pronto e dando lucro, os donos o mandavam embora, tomando conta das terras e tornando-se senhores de tudo, sem nada retribuir ao peregrino.
Por conselho de alguém, foi à casa de um Olúwo, que o orientou na feitura de um ẹbọ, que constaria de ẹmu (vinho de palma), inhame assado, màrìwò (folha da palmeira do dende-

zeiro) e ajá (um tipo de cachorro-do-mato). Com tudo pronto, seguiu para uma mata fronteira; lá chegando, começou a preparar tudo. Eis que, de repente, surge Ògún, que era o dono daquele lugar. Quando o peregrino o viu, foi logo implorando misericórdia e perguntou a Ògún se queria se servir de alguma coisa, pois tudo que estava ali era para ele usar. Ògún aceitou tudo, ficando muito satisfeito. Depois lhe perguntou quem era assim tão perverso que o havia mandado para aquela mata, pois ali ninguém podia entrar por ser um local sagrado.

O homem contou todos os incidentes de sua vida e sua luta pela sobrevivência. Ògún se revoltou com o que ouviu e mandou que ele pegasse o màrìwò e fosse marcar as casas de seus amigos, pois ele, Ògún, iria até aquela cidade à noite e destruiria tudo o que lá existisse, e faria dele o senhor de tudo que lá se encontrasse.

Dito isso, Ògún acabou com tudo, exceto as casas e lugares demarcados com o màrìwò, e a seguir deu tudo para ele conforme havia prometido.

Esta história retrata:

1) O conflito do ser humano em busca de suas realizações.
2) A falta de reconhecimento pelo trabalho realizado.
3) Inveja e perseguições impedem o sucesso.
4) A razão do uso do màrìwò no alto das portas e janelas nas casas de candomblé relembra o pacto de Ògún com os homens.

Interpretação do jogo:

1) Perseguições e falta de reconhecimento no trabalho.

2) É uma pessoa dedicada e esperançosa.
3) Insistir nos empreendimentos.
4) A proteção deÒgún lhe dá certeza de vitórias.

Elementos do ẹbọ:

Vinho de palma, inhame, màrìwò, àkàsà. Arriar na mata.

2º EXEMPLO:

Narrativa do 3º Caminho de Ìròsùn

Contam os antigos que o Sol, a Lua, o fogo e o papagaio haviam se reunido para ver quem disputava o poder para ser o chefe, porque cada um se achava melhor do que o outro.

O papagaio foi o único que fez o ẹbọ determinado para que não houvesse nada que lhe fizesse mudar suas cores e feições.

Os outros nem pensaram em fazer qualquer coisa.

Foi então que aconteceu uma chuva tão forte que apagou o fogo, uma tempestade que escureceu tudo e as nuvens esconderam o Sol e a Lua. O único vencedor foi o papagaio que, mesmo molhado, não desbotou a cor vermelha de suas penas, que permaneceram intactas.

Esta história retrata:

1) A posição privilegiada do papagaio como única ave falante.
2) O dom de ouvir, repetir e fazer.
3) A disputa entre forças poderosas e distintas.
4) A pena do papagaio (Ìkódídẹ) como elemento fundamental na iniciação religiosa.

Interpretação do jogo:

1) Consulente preocupado diante de pessoas que querem competir com ele.
2) Ter a devida consciência de fazer o que for determinado, pois os oponentes são poderosos.
3) Há rivalidades com pessoas que o cercam. Verificar a família e o local de trabalho.
4) Moderar o falatório. Guardar segredos para melhora de posição.

Elementos do ẹbọ:

Pena da cauda do papagaio, casco do ìgbín, ou ele vivo, galinha-d'angola, corda de sisal.

3º. EXEMPLO:

Narrativa do 5º. Caminho de Òdí

Havia um homem chamado Ọrúnmìlà que, para melhorar sua situação, mandou-se que ele fizesse um ẹbọ. Ọrúnmìlà era dotado de muita paciência e nada costumava abalá-lo. Mesmo assim foi avisado para ter muita calma.

Certo dia, três mulheres – a Paciência, a Discórdia e a Riqueza – foram à sua presença com o firme propósito de ficar com ele. Então as três lhe perguntaram quem ele escolheria. Ọrúnmìlà escolheu a de nome Paciência. As outras duas ficaram desgostosas, apesar de serem famosas e ricas. Prosseguiram viagem, mas no caminho se desentenderam, brigaram por uma ter dito que Ọrúnmìlà era extravagante, e a outra, que cada um tem o seu gosto próprio. Então se agrediram quando alguns trabalhadores intervieram na luta a fim de evitar uma morte que quase ia acontecendo. Foram levadas ao chefe local, cada qual dando a sua versão. Como não havia testemunhas para resolver o assunto, decidiram levá-las até Ọrúnmìlà, para que ele decidisse a sorte delas.

Assim que elas o avistaram, falaram: "Por causa dele é que nós estamos brigando, e por ele ter ficado com a nossa serva Paciência. Está claro que onde tem paciência tem tudo. Sem ela não podemos viver, e por isso resolvemos ficar com este homem até o fim."

Esta história retrata:

1) A figura de Ọrúnmìlà na história é a representação do olhador na consulta dos búzios.
2) A importância do ẹbọ nos ritos é mais uma vez destacada.
3) A característica essencial de quem joga é a paciência e o discernimento.
4) O conflito entre a riqueza e a discórdia.
5) O desprezo à riqueza que não deve ser a meta de quem se utiliza do jogo.

Interpretação do jogo:

1) Há uma sedução por riqueza que lhe trará aborrecimentos. Verificar realização de negócios ou herança.
2) Posição favorável, se houver muita paciência e cautela.
3) Ver aborrecimento com mulher.

Elementos do ẹbọ:

Ìgbín (casco do caramujo), galinha-d'angola.

Os critérios de análise obedecem a este sistema, em que narrativas de cada caminho, devidamente analisadas, oferecem soluções para a interpretação do jogo por Odù.

É o lado literário do jogo, onde a cultura de um povo dá a forma de linguagem e significados para as dúvidas da existência humana. Daí porque, quando usamos a expressão "interpretar", queremos dizer que é a de permitir que as narrativas falem por si mesmas em sua linguagem própria e original.

A NUMERAÇÃO DOS ODÙ
– O QUE REPRESENTAM

Observamos que tanto no jogo de búzios como no de Ifá, os Odù têm uma numeração que os acompanha, mas que possuem finalidades distintas.

No jogo de búzios, os números indicam:

a) o número de búzios que caem abertos para revelar o Odù a ser analisado;
b) os Odù mais velhos e os mais novos para a prática do jogo do Ìbò, que será visto mais adiante. Os números menores referem-se aos Odù mais velhos; os números maiores referem-se aos Odù mais novos;
c) o número de elementos para a composição do ẹbọ.

No jogo de Ifá e do Ọ̀pẹ̀lẹ̀, os números indicam a hierarquia dos Odù, dos mais velhos aos mais novos, para a prática do jogo do Ìbò, que responderá SIM ou NÃO para uma pergunta feita. Esse jogo é realizado após o Bàbáláwo terminar sua interpretação e verificar que o consulente continua em dúvida. Nesse caso, as respostas são dadas de forma indireta.

3.ª Parte

Jogos Complementares

OS ÒRÌṢÀ NO JOGO DE BÚZIOS

Os *Òrìṣà* falam no Jogo de Búzios, posicionando-se como porta-vozes das mensagens transmitidas pelos ODÚ e para revelarem-se como guardiães da pessoa – ẸLẸ́DA. A característica de cada *Òrìṣà* deve ser levada em consideração por ocasião das jogadas, sendo eles, em muitos casos, os próprios personagens das histórias – ÌTÀN, reveladas pelos ODÚ.

Essas características serão apresentadas mais adiante. Abaixo, a relação de ÒRÌṢÀ e algumas de suas qualidades, títulos ou nomes correlatos:

ÈṢÙ — LÁLÚÚ – AKẸ́SAN – ẸLẸ́GBÁRA – LẸ́GBÁ – IGBA-RAGBO – ÒNA(N) – YANGÍ – TIRIRI – BARAFOKI – ỌDÀRÀ – ṢÌGÌDI – IJẸ̀LÚ

ÒGÚN — ÒGÚNJÀ – ṢORÓKÈ – WARI – LAKÀIYÉ – MÉJÈJE – ORÒMINÁ(N) – ONÍRÈ – ỌLỌDẸ – ALÁGBẸ̀DẸ

ỌṢỌ̀ỌSÌ — ỌDE – ỌTIN – AKẸRAN – AJAYIPAPO – DANADANA – APÁÒKA – INLẸ̀ – ERINLẸ̀ – IBÚALÁMỌ(N) – ỌDE ÀRÓLÉ

ÒSÁNYÌN	– AGE – ARONI – IKINIJE
OMOLU	– OBALÚWÁIYÉ – SÀNPÒNNÁ – SAPATA – AFÒMÒ(N) – ARAWE – JÀGÚN – IPOPO – IPETU – ITUBE
ÒSUMÀRÈ	– FREKUEN – KOTOKUEN – BESEN – KAFORIDAN – BAFONO DAN – DANSILE – DANGBE – SOGBOADAN
NÀNÁ	– IGBAYIN – BURUKU – IGBÓNÁ(N) – ASAYIO – ASANA(N) – INSELE – TINOLOKUN – AJAOSI – ÌKURE
ÌRÓKÒ	– ADANLOKO – ATANLOKO – LELELOKO – LOKOZUN
OSUN	– KARE – IYEPÒNDÁ – YEYEÒKÈ – ÌYÁ OMINÍBÚ – AJAGURA – IJÚMÚ-ÒPÀRÀ – IPETÚ – ÈWUJI – ABÒTÒ – IBOULA
YEMOJA	– IYEMÒWO – ÌYÁMASE – ASABA – ASESU – ÀWÒYÒ – ÒGÚNTÉ – ASABO – ÌYÁLATE – ÌYÁORÍ
YÁNSÀN	– OYA – ÌGBALÈ – ONÍRA – OYA KALA – AKOLASUN – BASUN – OYA PADA – OYA FUNA(N) – OYA SONA(N) – OYA JEBE – OYA TANA(N)
SÀNGÓ .	– AGANJÙ – ÒGÒDÒ – AIRA INTILE – AIRA ÌGBÓNÁ – OBALUBE – AIRA AJAOSI – IGBARU – ÀFÒNJÁ – BAÁYÀNNI – ÒRÀNMÍYÀN

LÓGUN ÈDÈ – IGBAYIN – LAPANA(N) – BELEKOKE

ÒSÀLÁ — ODÚDÚWÀ – OBÁTÁLÁ – ÒSÀLÚFÓN – ÒSÀGIYÁN – ÒRÌSÀ OKO – LEJÚGBÈ – AJÀGÚNÁ – ÒSÀFURU – ELÉMÒSÓ – AKAJAPRIKU – ÒSÀÌGBÒ – INDAKO – BÀBÁ ÀJÀLÉ

Outras divindades que falam no Jogo de Búzios:

IYEWA	IBÉJI
OBÀ	ÌYÁMI ÒSÒRÒNGÀ
EGÚNGÚN ou ÉEGUN	ORÍ (cabeça)
ÀBÍKÚ	ÉSÀ (ancestrais)

Os Òrìṣa são a descendência de Olórun – o Ser Supremo. Identificam-se em deveres ligados com o mundo, e sua plenitude. Possuem domínio sobre diferentes elementos ou forças, regem princípios, ligam-se a determinadas cores, plantas, animais etc. Com isso, criam um temperamento particular, possibilitando classificá-los e explicar o comportamento das pessoas de acordo com o que se sabe de cada uma delas. Distinguem-se uns dos outros no ritual, nos ornamentos, insígnias, alimentos, ritmos, cânticos, aparecendo tudo isso como uma expressão de seus temperamentos.

Os Òrìṣà possuem temperamentos próprios que seus filhos herdam e reproduzem, constituindo um dos elementos da pessoa humana. Dentre esses temperamentos e tendências, classificamos algumas que deverão ser analisadas e aplicadas na interpretação do Jogo:

APARÊNCIA FÍSICA	– saúde, defeitos de nascença, vigor, beleza
SEXUALIDADE	– potência, fecundidade, frieza
FATOR PSICOLÓGICO	– vaidade, segurança, generosidade, falsidade, egoísmo
FATOR SOCIAL	– posição, família

CONSIDERAÇÕES SOBRE AS CARACTERÍSTICAS DOS ÒRÌṢÀ

Há uma relação íntima de uma pessoa com o seu *Òrìṣá,* podendo, posteriormente, haver um fortalecimento através do ritual do assentamento, quando se define essa identificação. Graças a isso determinam-se afinidades ou posições com os diversos aspectos da natureza. Em outras palavras, o *Òrìṣá* incentiva certos comportamentos, proibindo outros. Em conseqüência, os *Òrìṣà* passam, cada vez mais, a firmar tipos psicológicos, impondo seus arquétipos.

O quadro básico das características dos *Òrìṣà* apresentados pode sofrer alteração em função das "qualidades de santo" que, embora pertencentes à linhagem principal do *Òrìṣà,* possuem características próprias (Ṣàngó Aira – Ṣàngó Aganjù).

Outro fator importante e que deve ser considerado durante um Jogo é o da influência do *Òrìṣà* secundário que acompanha o *Òrìṣà* de frente. Ele pode chegar a querer se impor no lugar daquele que é o dono da cabeça. Esta participação pode vir a alterar o quadro do perfil e das tendências que o *Òrìṣà* impõe.

O ÒRÌṢÀ SECUNDÁRIO

Deve-se deixar claro que o *Òrìṣà* secundário nem sempre é do sexo oposto do *Òrìṣà* de frente. Tanto um como o outro poderão ser *Òrìṣà* masculinos ou femininos. Há casos em que os dois *Òrìṣà* poderão vir a ser duas qualidades do mesmo *Òrìṣà* (*Òṣàlúfọ́n* e *Òṣàgiyán* – *Òṣun Òpàrà* e *Òṣun Ijimu*).

TENDÊNCIAS QUE OS ÒRÌṢÀ OFERECEM – O QUE FALAM NO JOGO

Para análise das características dos *Òrìṣà*, usamos o método de avaliação com os próprios alunos, anotando suas experiências, e deles, com outras pessoas conhecidas, amigas ou irmãs-de-santo, referentes a seus *Òrìṣà*.

As tendências foram devidamente anotadas e confrontadas com outros grupos. Foram citados exemplos para justificar, e, em outros casos, notamos melindres quando seus *Òrìṣà* não tinham a tendência desejada.

Foi constatado que a falta de coincidências deveu-se às diferentes formas que um mesmo *Òrìṣà* assume, influindo na mudança de comportamento juntamente com a atuação do *Òrìṣà* secundário. Uma outra razão constatada foi a da influência dos signos astrológicos no comportamento pessoal, que reduziu ou fortaleceu o grau de coincidências.

ÒRÌSÀ	PERFIL DAS PESSOAS	TENDÊNCIAS / TEMPERAMENTO	O QUE REPRESENTA NO JOGO
OMỌLU	Possuem a marca do Òrìsà no corpo – resistência diante das doenças – atingem situações materiais muito boas – relacionamento social difícil – os homens não têm sorte com as mulheres – se for mulher pode não ser boa mãe – dão tudo, mas exigem tudo – não admitem pressões – gostam da família	Dedicam-se a outras pessoas a ponto de esquecer de si próprios – não gostam de mudanças – são conservadores – generosos e com senso de responsabilidade – gostam de se mortificar – reservados – caseiros – o que é deles é deles – não admitem que nada lhes seja tomado – muita intuição – autoritários, fazem o que querem	Notícia de morte – ou a pessoa é morta ou vai morrer alguém – luto – doenças contagiosas – bronquite – epilepsia – hospital – feitiço
ÒSÙMÀRÈ	Tendência à riqueza – gostam de mostrar a sua grandeza – generosidade – não negam ajuda – têm beleza, são elegantes e despertam atenção – são	Dinâmicos – curiosos – inteligentes – espertos – pacientes – perseverantes – exibicionistas – raivosos – possuem cacoetes – são	

164

ÒRÌSÀ	PERFIL DAS PESSOAS	TENDÊNCIAS / TEMPERAMENTO	O QUE REPRESENTA NO JOGO
NÀNÁ	pessoas dadas a surpresas – são magras – São velhas antes do tempo – lentas em atos e ações – calmas – equilibradas – trabalhadoras – dignas – gentis – têm reservas sobre os homens – resistência física – austeras – sem beleza ou vaidade	uma cobra embrulhada num papel de presente – dão o bote sem esperar – Não suportam desordem e desperdício – gostam de crianças – organizadas – reclamam muito – são sábias e carinhosas – ranzinzas – são dadas a cozinhar e costurar	Morte – luto – doenças
ÒSUN	São graciosas, elegantes, sensuais e delicadas – o encanto é a arma para conseguir o que desejam – reservadas – sem muita saúde – chegam a ser infantis – não sabem recusar nada – o rio é calmo,	Adoram jóias – tendência a perdê-las – busca de posição social – emotivas – voz suave – são dependentes – meigas – sorridentes – às vezes preguiçosas – ingênuas até certo ponto –	Amante – paz – doença no ventre – dinheiro – mulher – choro

ÒRÌSÀ	PERFIL DAS PESSOAS	TENDÊNCIAS / TEMPERAMENTO	O QUE REPRESENTA NO JOGO
	mas a pessoa se afoga – premonição – podem ser perigosas – falsas – se fizerem com ela, pagarão	são astutas – difícil de se zangar – problemas conjugais – lembrança do 1º amor	
OBÀ	Mulheres valorosas podendo chegar a ser incompreendidas – atitudes agressivas em consequência de experiências não bem-sucedidas	Tendências viris – ciumentas – ambiciosas, buscam nada perder – fortes – masculinizadas – não levam desaforos – julgam-se superiores junto ao marido ou outras mulheres	
YEMOJA	Imprevisíveis como as ondas – ciumentas – esposa e mãe zelosa até de filhos estranhos – perdoam, mas não esquecem – voluntariosas – rigorosas – vaidosas – põem à prova	Aparentemente calmas – prestativas – sérias às vezes, se enfurecem de forma imprevisível – dão para negócios – irritam-se facilmente – robustas –	Falsidades – desgraça – doenças – aviso de mudanças – fartura – uma resposta esperada

ÒRÌṢÀ	PERFIL DAS PESSOAS	TENDÊNCIAS / TEMPERAMENTO	O QUE REPRESENTA NO JOGO
	as amizades – são desconfiadas – se perdoam, não esquecem – apreciam a solidão – fazem as coisas (fofocas) e tiram o corpo fora	seios desenvolvidos – exigentes no respeito à posição assumida – se forem magras, fogem do conceito e se tornam perigosas	
YÁNSÃN	Mulheres audaciosas, poderosas e autoritárias – dedicadas ao companheiro, não admitem serem enganadas – raciocínio rápido – fiéis e leais, podendo se modificar caso sejam contrariadas em seus projetos – vistosas – bonitas – possessivas – quando gêniosas são difíceis de aturar – solidariedade diante dos amigos –	Energia – dinamismo – irrequietas – provocantes – autoritárias – não são ligadas a crianças e a afazeres domésticos – temperamentais – gostam de cozinhar – se forem caseiras serão boas – atividade sexual – são do momento – sentem-se bem diante dos problemas – sabem viver na tempestade – astutas –	Pessoa temperamental – mulher livre – mulher com dificuldade na vida – briga – vaidade – amante – gênio forte

ÒRÌṢÀ	PERFIL DAS PESSOAS	TENDÊNCIAS / TEMPERAMENTO	O QUE REPRESENTA NO JOGO
	perdoam facilmente	ciumentas	
SÀNGÓ	Pessoas voluntariosas e conscientes de uma suposta realeza – sentimentos ligados à justiça – não admitem contradições, podendo ser violentos e incontroláveis – são severos ou benevolentes, sabendo discernir em ambos os casos – são sensíveis ao sexo oposto, podendo atingir até o exagero – não ouvem conselhos – são carinhosos demais, mas não demonstram	Tendências à obesidade – ligados à mãe – liderança – gostam da vida, mas temem a morte – vingativos – orgulhosos – teimosos – atrevidos – elegantes – gulosos e dorminhocos – não são asseados – transmitem tranqüilidade até um certo ponto – conquistadores – infiéis – ciumentos – são senhores de suas obrigações – pão-duros – não sabem perder – brincalhões – falam muito – falam alto – pessoas magras de Sàngó são terríveis, pois fogem às característi-	Casos de justiça – papéis e documentos – prisão – dinheiro a caminho – dinheiro emprestado – pessoa doente, aviso de morte

ÒRÌSÀ	PERFIL DAS PESSOAS	TENDÊNCIAS / TEMPERAMENTO	O QUE REPRESENTA NO JOGO
LÓGUN ÈDÈ	Bonitos e de trato fácil – orgulhosos de sua beleza – quando não gostam de alguém tentam afastar dos outros – são eternos jovens – mulherengos	cas habituais Calmos e educados – ciumentos – individualistas – pão-duros – o que é deles é só deles – narcisistas – vaidosos – gostam de demonstrar grandeza – quando vêem uma roupa cara e outra mais barata, compram a mais cara	
ÈSÙ	Caráter variável, ao mesmo tempo bom e mau – compreensão diante do problema alheio – são conselheiros e outras vezes intrigantes – trabalham para fazer tudo certo, mas, se resolverem, fazem tudo errado – são	Intrigantes, desordeiros, animados, alegres, brincalhões – são dados a fiscalizar os outros – gostam de resolver as encrencas que surgem – ciumentos – interesseiros	Pode representar problemas e grandes perturbações, ou também tudo de bom – indica avisos

169

ÒRÌSÀ	PERFIL DAS PESSOAS	TENDÊNCIAS / TEMPERAMENTO	O QUE REPRESENTA NO JOGO
ÒGÚN	pessoas fortes e incansáveis – amantes dos prazeres da vida Nada temem – são atléticos, agressivos e de mau humor – como marido são brutais e insensíveis – são viris e conquistadores – costumam separar e juntar – triunfam nos momentos mais difíceis onde qualquer outro teria desistido – trabalhadores	São rápidos – agem antes de pensar – ofendem-se facilmente – são insistentes naquilo que desejam – emotivos, impacientes e brigões – arrependem-se facilmente – gostam de beber e comer bem – temperamento difícil – muita iniciativa	Briga – polícia – roubo – pessoa presa – perda de emprego – demanda entre família – militar
ÒSÓÒSÌ	São pessoas espertas, ágeis e esbeltas – senso de responsabilidade – generosos – hospitaleiros e cuidadosos com a família –	Observadores – discretos – introvertidos – às vezes são complicados – controlam suas emoções – amáveis, educados e muito	Viagens – mudanças de emprego, negócios, trabalho, residência, colégio – caminhos abertos

ÒRÌṢÀ	PERFIL DAS PESSOAS	TENDÊNCIAS / TEMPERAMENTO	O QUE REPRESENTA NO JOGO
	apaixonados – românticos – carinhosos – volúveis – narcisistas – podem chegar a ser falsos e traiçoeiros – numa festa gostam de muita coisa – festeiros	estimados – qualidades artísticas – criatividade – iniciativas – curiosos – agressivos e francos a ponto de serem grosseiros – não guardam segredos – impacientes com as crianças de fora – falam muito	
OṢÁNYÌN	Tendência de caráter equilibrado com o controle de sentimentos e emoções – não deixam as simpatias e antipatias intervirem nas decisões – não são convencionados pela moral e justiça – sem ambições – são frágeis – saúde delicada – poderão vir a ser aleijados – responsáveis –	São dados a estudos e reflexões – sonhadores – esquisitos e desligados – preservam sua liberdade – propensão à homossexualidade – são dotados de muita energia – carentes – desinteressados – prestativos – ligados à família, mas gostam de viver independentemente	

ÒRÌṢÀ	PERFIL DAS PESSOAS	TENDÊNCIAS / TEMPERAMENTO	O QUE REPRESENTA NO JOGO
	volúveis – festeiros – bebem mais ou menos		
ÒṢÀLÚFỌ̀N	Pessoas calmas e geralmente dignas de confiança – teimosas – não mudam seus planos mesmo com opiniões contrárias para o sucesso do empreendimento – sabem aceitar as conseqüências de seus atos – pessoas frágeis – podem ter defeitos de nascença no corpo – friorentos – podem chegar a ficar afastados dos instintos carnais – são vingativos	Autocontrole – perfeição – gostos simples – observadores – às vezes indiferentes a tudo – calmos – lentos – odeiam barulho, sujeira e desordem – chegam a ser altamente respeitáveis – não perdoam o que lhes fazem – irritam os outros com a sua prepotência e segurança – liderança – se fizerem para eles, haverá retorno – gulosos – pão-duros	Problemas diante de teimosias – paz – tranqüilidade – sofrimento – tratamento de saúde – cirurgia – pressão alta ou baixa – doenças
ÒṢÀGIYÁN	Altos – robustos – amigos das mulheres – gostam de	Faladores – brincalhões – muita intuição – alegres –	

ÒRÌSÀ	PERFIL DAS PESSOAS	TENDÊNCIAS / TEMPERAMENTO	O QUE REPRESENTA NO JOGO
	mandar – vaidosos – dificuldades no emprego – não gostam de ser mandados – procuram impressionar	gostam da vida – não são agressivos – mandões – preguiçosos – sonsos – podem vir a ser falsos – dividem tudo o que têm	

ÈWÒ – OS TABUS RELIGIOSOS

Algumas normas reguladoras dão o devido sentido de ordem e respeito diante das coisas que transcendem o nosso entendimento. São regras de conduta do que não se pode comer ou fazer para não ferir os princípios exigidos pelas divindades. Em yorubá o termo é *Èwò,* popularmente conhecido como Kizila.

Os tabus dão normas de conduta ao grupo, e transgredi-los são entendidos como afronta passível de punição. É quando fica estabelecida uma multa simbólica de reparação, que pode consistir na entrega de uma oferenda, uma comida seca, um animal para uma próxima obrigação ou o oferecimento de um simples mantimento.

As kizilas variam do comportamento até aquelas impostas pelas divindades, e são tiradas por ocasião da iniciação.

A Ìyálórìṣà Stella de Òṣóòsí, em *Meu Tempo É Agora* (Editora Oduduwa, 1993, p. 64), diz: "O *ewò* é a proibição não só no que diz respeito ao comportamento, como à alimentação e modo de agir... Alguém que não possa comer determinada comida, às vezes come, com delícia, e "tudo bem", a digestão é ótima. Não aconteceu coisa alguma. E o filho passa a achar que o *ewò* é superstição, produto de fobia de velhos ignorantes... As conseqüências espirituais são terríveis, irreversíveis, na maioria dos casos. A vida do *Ólórìṣà* começa a ficar complicada..."

Damos a seguir alguns exemplos dos deveres e proibições a que todos estão sujeitos:

KIZILAS UNIVERSAIS – são aquelas restritas a todos os integrantes: comer caranguejo, peixe-de-pele, abóbora, bertalha, sardinha, arraia, lula etc.

KIZILAS DE ÀṢẸ – se um Terreiro é de culto a *Ṣàngó,* todos os seus filhos são proibidos de comer feijão branco. Se for de *Òṣọ́ọ̀sì,* todos não comerão mel.

KIZILAS DE IRMÃO-DE-ESTEIRA – é uma forma de prestar solidariedade e respeito entre os irmãos recolhidos numa mesma iniciação. A kizila de um será a kizila de todos, e vice-versa.

KIZILAS DE COMPORTAMENTO – ao receber alguma coisa, deverá fazê-lo com as duas mãos; não descobrir a cabeça quando for tomar a bênção à sua *ìyálórìṣà;* não sair do terreiro quando o relógio estiver marcando 12, 18 e 24 horas.

KIZILAS DE ÌYÀWÓ – há uma série de regras de conduta para as pessoas recém-iniciadas, assim estabelecidas:

- Não tomar banho de mar
- Não ir a cemitério e nem acompanhar cortejo
- Não atravessar uma encruzilhada
- Não dormir com os pés para a rua
- Não receber calor na cabeça
- Não lavar louça ou panelas à noite
- Não beber ou comer comida muito quente
- Não ficar de costas para a porta ou janela
- Não dar as costas para o fogo

- Não usar preto ou roxo (só o branco)
- Não deixar ninguém dormir em sua cama
- Não terminar o que o outro começou
- Não comer restos do outro
- Não usar roupa rasgada e roupa pelo avesso
- Não visitar pessoa doente
- Não deixar os sapatos emborcados
- Não dormir de costas
- Não deixar passar a mão na sua cabeça

O *Kàro* é uma forma de proibição a que todo iniciado está sujeito. É o juramento feito diante do obì de não revelar certos segredos. Vem do yorubá *kà* – contar, *orò* – obrigação.

KIZILAS DE ÒRÌSÀ – aquilo que as divindades não apreciam, impondo interdições às pessoas que lhes foram consagradas.

- ÈSÙ – *adín* (óleo do caroço do dendê), *igbín* (caramujo).
- ÒGÚN – assoviar, banana-d'água, manga-espada, siri, batata-doce.
- ÒSÓÒSÌ — cabeça, mel de abelha, tangerina, jaca, fruta-de-conde, abacaxi, frutas-de-bico, roupa xadrez, coco, grão de milho e palmito. Os filhos deste *òrìsà* não comem caça.
- ÒSÁNYÍN – batata-doce, alface, raízes, peixe-de-pele.
- OMOLU – caranguejo, sardinha, aipim, carneiro, bertalha, abacaxi, *igbin,* cavalinha, melão-de-são-caetano, cuscuz feito em cuscuzeiro de barro. Os filhos deste *òrìsà* não comem carne de porco.
- ÒSÙMÀRÈ – peixe-de-pele, banana-ouro, siri, carambola, melancia, roupas berrantes. As pessoas deste *òrìsà* não comem ganso.

- SÀNGÓ – feijão branco, banana-da-terra, melancia, *obì*, siri
- ÒṢUN – pato, *ìgbín* (caramujo), peixe miúdo, couve, peixe-de-pele, ovos, pombo, mariscos, melancia.
- YEMỌJA – melão, melancia, jaca, abacaxi, feijão branco, roupas preta, roxa e vermelha. Os filhos não podem comer pato e mariscos.
- YÁNSÀN – abóbora, carneiro, arraia, siri.
- NÀNÁ – carneiro, gato, peixe-de-pele, siri, carambola, roupa escura.
- ÒṢÀLÁ – roupas berrantes, carvão, azeite-de-dendê, sal, carneiro, cachorro, porco, cavalo, siri, café, bebidas alcoólicas, pimenta.
- IYEWA – galinha e as kizilas de *Òṣùmàrè*.

～～ SÍNTESE GERAL DAS ～～
TENDÊNCIAS QUE OS ODÙ
OFERECEM DURANTE O JOGO PARA
UMA CONSULTA RÁPIDA

1 – ỌKÀNRÀN   5 Èṣù   Novidades – Barulho – Brigas – Mudanças – Visita estranha – Prosperidade instantânea – Perseguição – Inveja – Perigo – Traição – Dificuldades em realizar negócios

2 – ÉJÌ ÒKÒ   4 Olúfọ́n   Casamento ou união – Vida dupla – Problemas de família – Perturbações de inimigos – Disputa por bens – Felicidade nos negócios – Aborrecimentos causados por filho
                      Ibéji
                      Abíku

3 – ẸTÀ ÒGÚNDÁ   5 Ógún   Tudo relativo a brigas – Confusão – Polícia – Problemas no trabalho – Emprego – Documentos – Justiça – Desastre – Ascensão do poder – Elevação – Bons resultados pelo pró-
                      Yemọja

			prio esforço – Tramas – Inveja – Desconfiança – Traição
4 – ÌRÒSÙN	5	Yánsán Éegun Yemoja Òṣóòsì	Dificuldades – Privações – Destruição – Não há abundância – Falsidades – Rivalidades – Cautela – Falso sofrimento – Futuro brilhante – Casa comercial com problema – Falatórios
5 – ÒṢÉ	5	Omolu Òsun Iyámi	Doenças – Problemas de barriga e ginecológicos – Gravidez – Mediunidade – Cargo de santo – Feitiço – Traições – Morte – Miséria – Luta e vitória – Início de um negócio – Perda familiar – Saindo várias vezes, carrego de santo ou a pessoa é feita
6 – ÒBÀRÀ	4	Sángó Òṣóòsì Ori	Falsidade – Traição – Fuxico – Roubo – Dúvidas sobre a pessoa – Sofrimento seu ou de parentes – Altos e baixos – Prosperidade sem igual – Nesta caída, fala a cabeça
7 – ÒDÍ	5	Òsun Èṣù	Luta e sacrifício – Altos e baixos – Fracassos no amor – Fuxicos – Dificuldades – Ca-

minhos fechados – Pessoa vibrante – Obrigação errada – Mudança de forma espantosa. É um odù de mensagens quase sempre ruins

8 – ÉJÌ ONÍLẸ̀	8 Òṣálá Ṣángó	Doenças – Morte inesperada – Desavenças em casa – União de corpos – Proteção e muita simpatia – Papéis – Tendências suicidas – Melhoria – Ajuda – Cargo de santo – Prosperidade
9 – ỌSÁ	5 Yemọja Yánsàn	Confusão – Briga – Fala a morte – Egun perturbando – Perseguições – Perdas – Sofrimentos – Ajuda – Abundância – Problemas de santo – Orí – Para mulher, aborto, hemorragia
10 – ÒFÚN	4 Òṣàlà Òṣun	Vida apertada – Dificuldades financeiras – Doença na barriga – Separação da mulher – Cabeça quente – Moléstia ou gravidez – Más companhias – Ganhos e compras – Bori – Suicídio – Já foi roubado – Tem futuro na profissão

11 – ÒWÓNRÍN	5	Èṣù Yánsàn Òṣun	Fala o Èṣù da pessoa – Feitiço – Aborrecimentos – Má influência espiritual – Tempo quente – Vício de bebida – Surpresa e ingratidão – Vingança oculta – Dificuldade em ter o que se deseja – Projetos – Sucesso através do próprio esforço – Carta a receber – Doença passageira
12 – ÈJÌLÁ ṢEBORÀ	5	Ṣàngó	Está perdendo tudo – Agonia – Desassossego – Inquietudes – Doença na cabeça – Subida ou descida – Herança – Vitória em todas as lutas – Perseguições – Cautela no que fala – Herança
13 – ÉJÌ OLÓGBON	5	Nàná Omolu Egun	Fazendo a vida com o corpo – Homossexual – Acompanha egun – Lutas – Dificuldades para conseguir fortuna e bem-estar – Desacordo – Encosto – Morte na família – Roubo – Astúcia – Feitiço – Cemitério
14 – ÌKA	5	Òṣùmàrè Òsanyin Ibéji	Novidades para acontecer – Perversidades – Problemas financeiros – Ajuda – Remorso – Paciência – Pessoa incons-

		tante – Paz e bem-estar depois de qualquer tempestade – Mediunidade – Cargo de santo
15 – ÒGBEGÚNDÁ	Ọbà Iyewa Ògún	Favorecimento nos negócios com poucos lucros – Vitória com luta – Mudanças – Briga de homem com mulher – Odùdúwà – Feitura
16 – ÀLÀÁFÍÀ	Ọrúnmìlà	Tudo de bom – Triunfo – Felicidade – Herança – Amores a realizar

O JOGO DE 4 BÚZIOS

No reduto do Candomblé, o jogo de 4 búzios é utilizado para uma consulta rápida. Ele é colocado num prato de louça branca que fica no chão na frente dos assentamentos do òrìṣà. É usado pelos filhos-de-santo, dirigentes e todos aqueles que desejam indagar alguma coisa ao seu òrìṣà, ou no momento da apresentação de oferendas. A leitura é mais fácil do que com os 16 búzios, e apresenta cinco posições possíveis. Alguns comparam as caídas idênticas às do Jogo do Obì, mas sem o ritual complexo que este jogo exige. No jogo de 4 búzios é jogar e interpretar.

Numa mesa de jogo, os 4 búzios servem como auxílio para confirmações diversas. Nesse caso são usados todos os 16 búzios divididos em grupos de 4. Damos abaixo a relação de 5 caídas possíveis com suas interpretações:

ỌKÀNRÀN – 1 búzio aberto – Indica uma resposta negativa, mas que pode ser relevada. Indagar se há novidade com o cliente. Ver se quer mais alguma coisa.

ÒDÍ – 2 búzios abertos – É uma caída de confirmação e pertence a Òṣun. Confirma a jogada anterior ou o que está sendo perguntado. No jogo de obì esta caída tem o nome de *Eji-Alaketu*.

ẸTAWA — 3 búzios abertos — Caindo 3 vezes seguidos é afirmativo o que se pergunta. Se sair Òkànràn depois, a resposta é não. Adverte, porém, ter cautela diante de luta e demanda, mas com vitória.

ÀLÀÁFÍÀ — 4 búzios abertos — Tudo de bom e positivo com saúde e felicidade. Saindo na 1ª jogada, verificar qual a caída seguinte que Àlàáfíà vem puxando.

ỌYẸ̀KÚ — Todos os búzios fechados — Caminhos fechados, desgostos, tudo negativo. Saindo na 1ª jogada verificar a caída seguinte para ver em que caminho vem e o que diz.

O jogo é efetuado com um grupo de 4 búzios de cada vez, jogados alternadamente. Será um total de 4 jogadas a serem analisadas em conjunto e que podem substituir o Jogo do *Ìbò* para os casos de confirmação.

O JOGO DO ÌBÒ

É uma forma de prestar assessoramento ao Jogo dos Búzios; tem a finalidade de decidir ou revelar o ẹbọ, obrigações, decisões, o odù e a qualidade de Òrìṣà. O Ìbò promove uma participação mais direta entre o consulente e o jogo. As perguntas são feitas a Ọrúnmìlà sem a interferência de Èṣu.

A palavra Ìbò significa aquilo que está encoberto, oculto, e vem do verbo bò, cobrir, em razão do ato de a pessoa ter, em suas mãos fechadas, dois elementos para responder as perguntas feitas.

O Ìbò utiliza-se de uma fava, ou um búzio, que significa SIM, e uma pedra, que significa NÃO, para a pergunta feita.

COMO FAZER O JOGO DO ÌBÒ

1º. – Entrega-se ao cliente a fava e a pedra para que as sacuda entre as mãos; em seguida, ele deve colocar cada uma delas em uma de suas mãos, conforme a sua vontade e sem que o jogador saiba qual mão uma ou outra se encontram.

2º. – Para cada pergunta feita jogam-se duas vezes os 16 búzios.

3º. – Se o Odù "mais velho" caiu na 1ª jogada, abrir a MÃO ESQUERDA; se caiu na 2ª jogada, abrir a MÃO DIREITA. Os Odù "mais velhos" são aqueles com o menor número de búzios abertos por ocasião da jogada.

4º. – Exceção se faz para ÓFÚN (10) e ÉJÌONÍLÈ (8); joga-se uma vez e abre-se a MÃO ESQUERDA, porque eles são os odù mais antigos.

5º. – Para caídas idênticas (MEJI), abre-se sempre a MÃO ESQUERDA.

6º. – Jogadas que nunca ocorrem: 8 e 10 e 10 e 8. Verificar o 4º item.

Diante do que foi explicado, damos alguns exemplos de caídas para apuração do ÌBÒ:

ABRIR A MÃO ESQUERDA	ABRIR A MÃO DIRETA
1 e 5	5 e 1
2 e 11	11 e 2
8	9 e 7
10	9 e 3
2 e 2	2 e 8
11 e 14	7 e 10
3 e 4	14 e 11
4 e 4	2 e 1

Ao abrir a mão, direita ou esquerda, verificar se é a fava ou o búzio, SIM, ou a pedra, NÃO, a fim de responder à pergunta feita. O SIM ou NÃO será explicado pelo que sair, por isso anote o Odù que forneceu a resposta.

RESUMO DO QUE FOI DITO:

Abrir a MÃO ESQUERDA quando:

1 – Odù mais velho saiu na 1ª jogada
2 – Jogadas idênticas

Abrir a MÃO DIREITA quando:

1 – Odù mais velho saiu na 2ª jogada

ÉJÌONÍLẸ̀ e ÒFÚN

Sobre a proeminência destes dois Odù no Jogo do Ìbò, devemos fazer uma referência ao sistema de Ifá já abordado anteriormente.

Como vimos, ÉJÌONÍLẸ̀ é um outro nome de ÉJÌ OGBÈ do Jogo de Ifá. Um de seus relatos revela que os Odù tinham um posicionamento invertido com relação ao que é interpretado hoje. O primeiro da escala era ÒFÚN e o último ÉJÌ OGBÈ. No momento da passagem dos odù pelo caminho que liga o céu com a terra e é denominado de *Àkàsò,* a posição foi invertida, passando ÉJÌ OGBÈ a tomar a frente, ficando OFÚN, por último. E assim permaneceu, ficando respeitada a posição de ambos. Embora ÉJÌ OGBÈ seja reverenciado como rei dos Odù, quando um Bàbáláwo lança o Ifá, e sai o Odù OFÚN, ele diz: Héépa!, que significa, eu lhe saúdo.

No jogo de búzios, ao sair o odù ÉJÌONÍLẸ̀, que é o mesmo ÉJÌ OGBÈ, o olhador se levanta em sinal de respeito. O mesmo acontece quando o jogo indica que o consulente é de *Òṣàlá,* chegando a tomar-lhe a bênção pela importância que representa este *Òrìṣà.*

ENERGIA – O JOGO FEITO PELA DATA DO NASCIMENTO

Este sistema matemático de consulta vem sendo adotado por muitas pessoas, agindo em muitos casos como elemento auxiliar para o jogo de búzios. Em outros casos, o jogo de búzios é usado de forma dissimulada. Na realidade, a consulta é feita por este sistema. Joga-se apenas para efeito visual.

Trata-se de uma forma não tradicional em que a numerologia funciona como elemento de pesquisa na busca do Odù. Basta que se saiba a data do nascimento de uma pessoa e coloque os algarismos que formam a data numa coluna vertical e somados.

Os números encontrados serão assimilados aos números dos Odù correspondentes. Verificar a tabela.

As regras para este tipo de consulta são as seguintes.

1 – A soma da 1ª coluna vai para a cabeça (C).
2 – A soma da 2ª coluna vai para os pés (P).
3 – A soma das duas colunas vai para a esquerda (E).
4 – A soma dos pés com o valor da esquerda vai para a direita (D).

Observação: Quando a esquerda tiver dois algarismos, somar um com outro e não com os pés; sempre que as somas ultrapassarem 16, faz-se nova soma.

Esta é a regra: C = 1ª coluna
P = 2ª coluna
E = C + P
D = E + P ou E + E

Exemplo: Data do nascimento – 24.10.1990

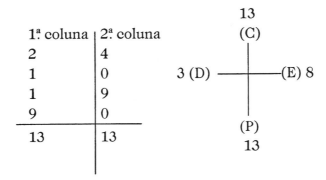

1ª coluna	2ª coluna
2	4
1	0
1	9
9	0
13	13

C – A cabeça dita a personalidade da pessoa;
P – Os pés falam dos cuidados que se deve ter para o futuro devido aos problemas do presente;
E – A esquerda é o lado que está prejudicando a pessoa;
D – A direita é uma síntese do que reserva o futuro.

Resumo do jogo:

13 – Éjì Ọlógbọ́n – problemas com intestinos, ossos e feitiço;
8 – Éjì Onílẹ̀ – brigas na família, não usar preto e bebidas;
3 – Ẹ̀tà Ògúndá – vitória em todos os sentidos com muita luta. Tomar banho de dandá-da-costa.

Exemplo: Data do nascimento – 02.12.1929

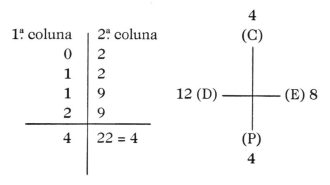

Resumo do Jogo:

4 – Ìròsùn — Rivalidades no trabalho ou nos negócios, separação
8 – Éjì Onílẹ̀ — Saúde afetada por separação, casos na justiça
12 – Èjìlá Sẹborà — Futuro dependendo da humildade em ouvir ajuda inesperada. Dar um ègbo a Òṣàlá e àmàlà a Ṣàngó.

Observe o seguinte: o posicionamento dos números (odù) em forma de cruz representa a figura do consulente com a cabeça, os pés e os braços abertos, de frente para quem joga.

～～ O JOGO DO OBÌ ～～

O obì, também conhecido como noz de cola, é originário da África, da árvore que a produz, e é encontrado de várias cores, desde o branco até um tom arroxeado. Em meu livro *Mitos Yorubá – O Outro Lado do Conhecimento*, faço um relato da importância de sua utilização e do mito que o envolve. O obì está presente em todas as obrigações para a prática do jogo de confirmação. Como um presente a ser ofertado, honra e dignifica quem o recebe, e deve ser entregue sempre envolto numa folha. Tendo a forma ovalada, o africano abre-o naturalmente em quatro ou mais gomos, enquanto o nacional é aberto apenas em dois, devendo se completar a abertura com uma faca, pois o jogo é feito com os quatro gomos.

Procedimento do jogo:
1º. – Com uma quartinha com água, derrame três pingos no chão, invocando o Òrìṣà desejado. Citamos como exemplo Òṣun, dizendo três vezes:

Òṣun mo pè   Eu chamo Òṣùn
Òpàrà mo pè   Eu invoco Òpàrà

Ato contínuo, sem fechar inteiramente a mão esquerda, com a mão direita tocar nos pingos d'água no chão e bater na mão esquerda, continuando a repetir os gestos, e dizendo:

Pèlé towo
Pèlé towo mọ́(n)
Ọmọ àìkú bàbá wa
  ko jú oye mi ko tutu

2º. – Com o Obì num prato branco, molhá-lo na água da quartinha, em seguida abri-lo em quatro gomos. Colocar esses gomos na mão direita e, elevando a mão direita ligeiramente para o lado direito, dizer:

Ọwọ́ ọ̀tún mo si haiyé

Repetir o mesmo gesto com a mão esquerda, elevando-a ligeiramente para o lado esquerdo, dizendo:

Ọwọ́ òsì mo si ha ọ

Finalmente, com as duas mãos à frente e para o alto, dizer:

Ode po re mọ ọlọ́rẹ méjì keba

Ao jogar no prato, dizer:

Obì òrìṣà nlọ ọwọ́.

3º. – Denominações das caídas e seus significados:

⚬⚬⚬⚬	ÀLÀÁFÍÀ	– Ótimo
⬤⚬⚬⚬	ẸTÀWA	– Regular
⬤⬤⚬⚬	ÉJÌ ALÁKETU	– Confirmação
⬤⬤⬤⚬	ÒKÀNRÀN	– Negativo
⬤⬤⬤⬤	ÒYẸKÚ	– Ruim

4º. – Situações variáveis do jogo:

ALÀÁFÍÀ — tornar a jogar para ver qual odù vem puxando. Tudo que se fizer será positivo.

ẸTÀWA — três vezes seguidas é afirmativo o que se perguntou:
na 1ª vez que sair, dizer: *Ẹtàwa lógba*
na 2ª vez que sair, dizer: *Ìbá mẹtà'wa bọkan*
na 3ª vez nada se diz.
Depois de Ẹtàwa, se cair Òkànràn, é não para tudo. Pode ser kizila. Verificar.

ÉJÌ ALÁKETU — É uma caída de confirmação, e confirma a jogada anterior. Pertence a Òṣun. Ao sair faz-se a saudação de Òdí:
Òdí kun ọdàrà o dofo odejo
e torna-se a jogar para ver se tem que fazer alguma coisa.

ÒKÀNRÀN — Quando sair, perguntar se quer alguma coisa mais e fazer a saudação do odù:
Òkànràn ki nkọra, kò mafún ja, kò ma fikan, kò ma si kan.

ÒYÈYKÚ — Saindo a 1ª vez, tem de jogar novamente para ver em que caminho vem e o que diz. Sendo obrigação de responsabilidade, usa-se outro obì, alubaça ou orogbo.

ANÁLISE PSICOLÓGICA DO CONSULENTE

Um pouco de psicologia poderá ser posta em prática durante um jogo, bastando uma rápida observação nas pessoas que vão se consultar. J.A. Varanda, em seu livro *O Destino Revelado no Jogo dos Búzios,* destaca os comportamentos possíveis de pessoas que costumam freqüentar uma mesa de jogo e que auxiliarão nas dúvidas e deduções provenientes das jogadas. As comprovações poderão ser feitas no decorrer da consulta.

1 – UMA SENHORA JOVEM E BEM-VESTIDA
Problema de ordem emocional e sentimental. Problema de natureza sexual. Amarração do marido ou amante. Desquite iminente. Adultério. Traição do marido com outra mulher. Negócios arruinados ou negócios a montar, possivelmente dela, do marido ou também um sócio no meio. Possivelmente um amante (cuidado ao afirmar isso).

2 – UMA SENHORA IDOSA BEM-VESTIDA
Problemas com filha moça ou casada e cujo casamento não deu certo. Heranças a receber. Dinheiro grande a caminho. Apartamento. Casa. Sítio para vender ou comprar. Proble-

mas com o marido. Tratamento de saúde. Solidão. Menopausa. Possivelmente um amante jovem (cuidado ao afirmar).

3 – UMA JOVEM SENHORA
Dificuldades financeiras graves. Traição do marido com outra mulher. Doenças ginecológicas em geral. Problemas com varizes. Vive junto com um homem. Casamento que não deu certo. Amizades falsas. Falta de emprego. Perda de emprego.

4 – UMA SENHORA IDOSA MALVESTIDA
Sérios problemas financeiros. Problemas com a menopausa. Doenças ginecológicas. Urina escura. Palpitações. Pressão alta e baixa. Uma pensão a receber. Tratamento de papéis em repartição pública.

5 – UMA MOÇA NOVA BEM-VESTIDA
Graves problemas sentimentais. Dificuldades no relacionamento doméstico. Deseja sair de casa para se libertar. Um curso, uma colocação no emprego. Ela pode não ser mais virgem. Moça de programa. Pode ser garçonete. Tipo vulgar. Verificar aproximação de Exu e Pomba-Gira.

6 – UMA MOÇA NOVA MALVESTIDA
Problema de ordem sentimental e dificuldade no relacionamento sexual. Abrir caminhos para namoro. O emprego pode ser em fábrica ou em casa de família. Falsidade de uma colega. Pode também não ser virgem (cuidado).

7 – UMA MOÇA JÁ MADURA BEM-VESTIDA
Problemas de namoro. Dúvida para ver se vai casar.

Desespero por falta de um homem. Escolheu demais várias pessoas e no fim ficou sem marido. Uma traição da pessoa que gostava. Zelo demasiado dos pais. Caminhos fechados. Solidão.

8 – UMA MOÇA MADURA MALVESTIDA
Desespero. Desilusões na vida. Esteve com tudo na mão e nada conseguiu. Pode ter perdido a virgindade com um primo ou pessoa da família. Este homem tomou o tempo todo dela e depois a deixou.

9 – UM SENHOR JOVEM BEM-VESTIDO
Papéis embaraçados na justiça. Vigaristas. Papéis atrasados. Negócios em concordata. Sociedades malfeitas. Pode tomar conta dos negócios da família. Os negócios não vão bem. Constantes prejuízos. Perseguições no trabalho. Desconfiança de adultério. Deve ser militar (olhar o corte do cabelo, que geralmente é curto, e sua fala no imperativo).

10 – UM SENHOR JOVEM MALVESTIDO
Graves problemas financeiros. Doenças em casa com a mulher e os filhos. Arrependimento de ter casado. Lembrança de outra mulher que poderia ter dado certo. Pagamento de aluguel atrasado. Pé fora do emprego.

11 – UM SENHOR MADURO BEM-VESTIDO
Problemas matrimoniais. Uma amante. Filhos com outra mulher. Problemas com filhos dentro de casa. Problemas com negócios. Dinheiro curto. Indústrias ou negócios.

Cheques. Duplicatas. Dívidas altas. Herança. Papéis na justiça. Problemas com a polícia. Esta pessoa pode ser da polícia.

12 – UM SENHOR VELHO OU MADURO MALVESTIDO
Urina escura. Vícios de corrida de cavalos, jogo-do-bicho. Bebida. Fumo. Doença da bexiga. Doença da próstata. Pressão alta. Reumatismo. Problemas com articulações. Assunto na justiça. Dívida não recebida. Pode ter um negócio pequeno, caiu em ruína. Mulher ou amiga doente. Pode ter filhos, também, com outra mulher.

13 – UM RAPAZ MOÇO BEM-VESTIDO
Problemas de tóxico. Roubo. Problemas com emprego. Problemas de virgindade. Problemas com estudo. Problemas de transição. Perseguição. Caminhos fechados. Defloramento. Fuga de casa.

NOTAS

1. O jogo de búzios é mais conhecido como *Mẹ̀rìndílógún*, que significa 16, que corresponde ao número de búzios utilizados.
2. *Yemọja* é a forma correta de grafar o nome da divindade, e vem do yorubá *Ye ọmọ(n) eja* – a mãe dos peixes. É o mesmo que *Yemanja*.
3. Despachar a rua é o ato de levar um copo d'água ou uma quartinha com água para fora e jogar pela porta para a rua no intuito de afastar possíveis más influências.
4. *Atin* é um conjunto de elementos transformados em pó para diversas finalidades.
5. *Ọ̀wọ́nrín* também é conhecido como *Ọ̀wárín*.
6. *Iyámi* é a denominação das divindades pertencentes à *Sociedade Ò̩ṣò̩rò̩ngà*.
7. *Abóbì dọ́ọ̀yọ́* é o tipo de folha utilizado para embrulhar o obì, que nunca deve ser ofertado descoberto.
8. *Obì awẹ́ mẹrin* é a denominação do obì de 4 gomos, africano. O obì nacional é aberto em dois gomos e denomina-se *obì gbànja*.
10. Todas as pessoas têm o Odù que preside a sua existência e rege o seu destino.

11. Há olhadores que se utilizam dos 16 búzios e mais um, que não é utilizado no jogo propriamente dito. Ele fica do lado de fora do círculo na frente da pessoa que consulta, com a função de vigia do jogo.
12. O *orógbó* é a semente de um fruto africano (*Garcinia gnetoides*) utilizado para a prática do jogo, especialmente para Ṣàngó, que não aceita o obì. Em seu formato ovalado, o jogo tem o seguinte procedimento: cortam-se as pontas e joga-se. Como caírem as partes, elas permanecerão. Não serão mais utilizadas, mas farão parte da seqüência do jogo. A seguir, a parte interna é cortada em dois em seu comprimento. As jogadas serão feitas somente com estas duas partes, que poderão tomar diferentes posições: abertas, fechadas, de pé e de lado. O ritual de abertura segue o modelo do jogo do obì, mudando as denominações para *orógbó*.
13. Os jogos do obì, do *orógbó*, da *alùbọ̀sà* (cebola branca) e do ìṣu (inhame) para Òṣàgián possuem diferenças em feitura.
14. Há uma outra forma de consulta no jogo do obì, quando os quatro gomos são separados e os dois maiores considerados MACHOS, e os dois gomos menores, FÊMEAS. Com isto possibilita uma variação maior nas respostas, com as caídas tomando novos nomes e significados. Da mesma forma, o jogo é interpretado com as partes internas voltadas para cima, ou seja, o lado aberto para cima.

1 macho aberto – *ìdáráyá* – saúde, felicidade, alegria
1 fêmea aberta – *ajé* – riqueza, dinheiro
1 macho e 1 fêmea – *ajire* – amizade
2 machos abertos – *akọ ora* – briga, dificuldade
2 fêmeas abertas – *àilágbara* – fraqueza

2 machos e 1 fêmea – *akita* – sucesso após dificuldade
2 fêmeas e 1 macho – *obita* – nem sucesso, nem alegria
2 machos e 2 fêmeas – *àlààfíà* – bem-estar geral
Nenhum gomo aberto – *òdi ìdìwọ́* – obstáculo, impedimento
Caindo um em cima dos outros – confirmação da jogada anterior.

4.ª Parte

Parte Prática

ORIENTAÇÃO

O jogo de búzios é uma arte que atende a todos indistintamente, e a muitos como última solução. Alguns, por intermédio dele e diante dos resultados, passam a fazer parte da Casa do Olhador, e depois se iniciam. Mas, na maioria das vezes, não é assim que ocorre: o jogo atende aos desejos imediatos da pessoa e, depois de atendida, ela não volta mais, ou então retorna apenas para consultas esporádicas.

Aquele que joga deve estar preparado para todo tipo de solicitação, pois uma mesa de jogo não determina quem deve procurá-la para solução de problemas. Fórmulas mágicas e promessas impossíveis de serem concretizadas, ou que contam com a sorte, não devem ser consideradas. Fazer previsões através do jogo de búzios a fim de se projetar e tornar-se conhecido é uma maneira que nunca deu resultado entre aqueles que se propuseram a fazê-lo e que só concorreu ao descrédito do jogo e da pessoa. É necessário ter o cuidado para não cair nesse tipo de tramóia sem perceber. A técnica é a do efeito tiro ao alvo – a pessoa realiza várias previsões na esperança de que alguma se concretize. Quando isso acontece, ela a guarda e se livra das outras. Cria, assim, um arquivo de previsões documentadas. Outro sistema é o de fazer previsões de coisas que sempre acontecem ou que são possíveis de acontecer, por exemplo, morte de pessoas ilustres, desastres etc. Para se resguardarem, as declarações são bastante vagas.

Sobre este assunto, há um caso clássico, que pode servir de exemplo: nos anos 70 e 80, houve a febre das previsões. E sempre se noticiava o desaparecimento de uma grande mãe-de-santo da Bahia, numa alusão a Menininha do Gantois (1894-1986), pela sua idade avançada. Nesse período, outras mães-de-santo morreram, mas não com a expressão desta.

Tenha em mente o seguinte: o papel destinado àquele que se utiliza da prática do jogo de búzios é a de um servidor da sociedade, e, por estar amparado por uma religião, sua responsabilidade aumenta. Estar sempre atento, pautando as suas atividades por um critério ético, é a grande tarefa a ser seguida.

É necessário ter um dom natural porque ele não se transmite, porém, se desenvolve através da prática e do estudo. A partir daí, procure se auto-examinar, verificar suas reações diante da mesa de jogo e conhecer suas reações, pois os exemplos e as técnicas que damos a seguir são produtos de experiências e, em alguns casos, algumas delas poderão não estar em afinidade com a sua sensibilidade. Repetimos: o jogo é prática e forma de estudo constantes.

Nos próximos capítulos estabeleceremos uma forma prática e objetiva a ser seguida para as diferentes etapas do jogo. Vamos nos deter em cada um dos momentos em que os búzios são lançados, e o que advém a partir daí. Todos eles estão devidamente numerados para uma consulta fácil e possíveis citações quando necessárias. A seqüência numerada não está relacionada com o grau de importância.

OBSERVAÇÕES PARA QUEM JOGA

1 – Olhador é também uma das denominações para quem joga búzios. É o intermediário entre o plano visível e o invisível. Compete ao olhador analisar as configurações com que os búzios se apresentam ao serem lançados e que representam mensagens daquilo que é solicitado.
2 – Tudo que for dito diante da mesa de jogo é estritamente confidencial. O olhador deve fazer o voto do segredo, sob pena de ferir um dos princípios básicos da arte divinatória.
3 – O jogo de búzios é uma arte sagrada que intermedia informações de divindades e, como tal, quem joga deve ter uma postura coadunante com os princípios éticos que devem nortear uma religião.
4 – Ter o bom senso de dar certos tipos de mensagens para não preocupar a cabeça do cliente. Mensagens trágicas devem ser bem dosadas.
5 – Uma mesa costuma ser freqüentada por clientes iniciados, feitos-no-santo, que desejam algumas confirmações. Nesses casos agem como pombos-correio, ou seja, trazem e levam informações, daí o cuidado do que se fala. Manter um sistema ético. Fugir às críticas e não alimentar choques de interpretações.

6 – A cobrança é ou não um critério pessoal. Não se negar, porém, em atender pessoas desesperadas e sem disponibilidade financeira. Este é outro princípio a que estão sujeitos os olhadores dos búzios.

7 – Dar ao cliente que sentou diante da mesa a consciência de que ele terá de sair mais aliviado e não pior do que quando entrou.

8 – Não jogar sob luz elétrica e após as 18 horas. Há o costume de não se jogar às sextas-feiras, critério criado no Brasil, por ser o dia consagrado a Òṣàlá.

9 – Ter em mente que o búzio é muito pequeno, mas o que foi feito em cima dele – rezas e obrigações – o engrandece e lhe dá grande poder. Deve ser bem preparado para ser um bom condutor de verdades.

10 – Não jogar por brincadeira ou curiosidade. Se sair um ẹbọ e ele não for feito, isso trará problemas.

11 – Ter um caderno para anotar o nome da pessoa, data do nascimento, data da consulta, as caídas e ẹbọ determinados para que, quando o cliente voltar, saber-se o que ocorreu anteriormente.

12 – Nenhum Odù pode ou deve ser despachado, ou mesmo assentado. Sua função é a de trazer orientações, conselhos e indicações.

13 – Há o costume de colocar em prática um pouco de psicologia e observação. Uma visão rápida dos traços de personalidade podem indicar um provável òrìṣà que a pessoa possui. Confirme sempre no jogo.

14 – Foi Òrúnmìlà que consagrou os 16 búzios como oráculo para Òṣun, com quem ele convivia. Por isso é que são usados tanto por mulheres como por homens, ao contrário do

Ifá e *Òpèlè*, que são utilizados somente por homens, e estes são denominados Babaláwo, *Òsun* tornou-se a primeira Apètèbì.

15 – Um bom olhador tem que ter o dom do jogo e um conhecimento razoável dos 16 odù, seus desmembramentos e significados, interdições, os aspectos positivos e negativos, os *òrìsá* e o enredo que possuem entre si e a elaboração de oferendas. Trata-se de uma função importante que direciona tudo, sendo esta a razão pela qual se diz que tudo começa numa mesa de jogo.

16 – A experiência diária, a prática e o dom natural habilitam um bom olhador.

17 – Não se acanhe em pedir ao cliente que vá confirmar em outra mesa os casos de grande responsabilidade, como o nome do *Òrìsà*, do Odù ou problemas de santo. Os grandes olhadores antigamente agiam dessa forma.

18 – Lavar os olhos com as seguintes ervas frescas e devidamente maceradas:

TÈTÈ	– bredo	ÒDÚNDÚN	– saião
RÍNRÍN	– alfavaquinha	ÁBÈBÈ	– erva-capitão
ÒSÍBÀTÀ	– golfo branco	OJÚÓRÓ	– erva-de-santa-luzia
AKOKO			

Deixar os búzios de molho no sumo das ervas por 3 dias.

19 – A utilização de 21 búzios para o jogo é denominada de *Bará* e não tem relação com o Odù. É um diálogo com as jogadas alternadas de 7 búzios, verificando-se o número de búzios abertos e fechados. A utilização de ervas para a lavagem dos búzios, nesse caso, é: boldo, alfavaca, alecrim,

flor de colônia, jasmim branco, rosa branca, folha de manacá branca e saião. Com a segunda água da chuva, macerar as ervas e deixar em infusão uma noite no sereno. Coar e deixar 7 dias com os búzios.

20 – Diante de uma decisão a ser tomada, não se influenciar pela vontade pessoal. Esse fato pode ocorrer nos casos de sucessão de zelador-de-santo falecido e se o terreiro deve continuar ou não. Obedeça às determinações do jogo.

21 – O jogo diz se a pessoa tem o dinheiro para pagar ou não a consulta que está sendo feita. Não adianta dar lista de compra de produtos quando não há condições de compra. Criar um critério de ajuda.

22 – Quando não estiver em condições plenas de jogo, não insistir. Cuidar de sua aura com banhos e obrigações, pois a carga é grande. Considere que quem joga e orienta se torna uma barreira às pretensões de forças negativas, e, como tal, deve se resguardar para que o efeito neutralizado não se volte contra.

OBSERVAÇÕES SOBRE O JOGO – AS REZAS

1 – Rezar em jejum para jogar. Lavar a boca com água, e as mãos com sabão-da-costa.
2 – Abrir o jogo com as rezas apropriadas: saudação aos odù, aos ancestrais e às divindades a serem invocadas, agitando uma sineta (*àjà*) nos momentos especiais do jogo.

SAUDAÇÃO AOS ODÙ
 1 – *Òkànràn ki nkọra, kò mafún ja, kò ma fikan, kò ma síkan*
 2 – *Éjì Òkò eji fẹ́ owó*
 3 – *Ẹ́tà Ògúndá, Ẹ́tà Ògún, Ẹ́tàka, Ẹ́tàkun Bàbá*
 4 – *Ìrosún afẹ́*
 5 – *Ọsẹ́túrá Imalẹ̀*
 6 – *Òbàrà mẹ́rìndílógún, Ọ̀bàrà ṣe, Ọ̀bàrà tititi*
 7 – *Òdí nkaka, Òdí lẹlẹ, Òdí ọsa, Òdí sakẹkẹ, Òdí komọ́n, Òdí komọ́n jẹ́, Òdí nkaka ojẹ*
 8 – *Éjì Onílẹ̀ mo júbà rẹ*
 9 – *Ọ̀sá kini Ọ̀sá ke wasa*
10 – *Òfún o ti ẹn ndofọn ma fẹ́, merija mijo nàá(n) ko mase tun bẹnan*

11 – Òwónrín àti salẹ nlọ
12 – Èjílá kú iba nsala
13 – Éjì Ọlọ́gbọ́n Ogunda masa étàl'ofo
14 – Ìka ti nkaka Ìka
15 – Ògbegúndá obi a darinan ge win
16 – Éjìogbè ndofa Bàbá mẹ́rindilọba

SAUDAÇÃO AOS ÒRIṢÀ E ANCESTRAIS (MO JÚBÀ)

Ọlọ́jọ́ òní mo júbà	Meus respeitos ao dia de hoje
Mo júbà Ọrúnmìlà Bàbá Ifá	Meus respeitos ao Senhor de Ifá
Mo júbà bàbá mi Ìyá mi	Meus respeitos ao meu pai e minha mãe
Mo júbà ọmọde	Meus respeitos às crianças
Mo júbà àgba	Meus respeitos aos mais velhos
Mo júbà àgba mẹ́rìndílógún	Meus respeitos aos 16 odù principais
Ìyá Nàsó Ọka Ọba Bíyí	Às mães ancestrais do candomblé
Mo júbà Èṣú Lároyé	Meus respeitos a Èṣú
Ògún yè pàtak'ori	Meus respeitos a Ògún
Ọdẹ k'oke m'ayọ oke aro	Meus respeitos a Ọṣọ́ọ̀sì
Ewé o asà	Meus respeitos às folhas
Ọsùmàrè ahogbogboyi	Meus respeitos a Òsùmàrè
Ọbalúwáiyé àṣẹ bẹlẹ bẹlẹ	Meus respeitos a Òbalúwáiyé

Kawó kábíyèsílé!	Meus respeitos a Ṣàngó
Èpà heyi! Ọya mẹ́s'ọ̀run	Meus respeitos a Yánsàn
Oore ye ye o!	Meus respeitos a Ọ̀ṣun
Odò ìyá	Meus respeitos a Yemoja
E ṣe é Bàbá!	Meus respeitos a Òṣàlá
Àgo ẹlẹ́dá mi	Com a licença do meu òrìṣà

3 – Conferir os búzios antes de jogar e ter búzios de reserva.

4 – Acender uma vela (opcional) e manter um copo ou quartinha com água para o caso de haver necessidade de despachar a rua.

5 – O jogo deve ser feito numa mesa e em cima de um pano branco (tradição ketu) ou, se desejar, no centro de um círculo formado por colares de contas com as cores do òrìṣà do olhador. Além de formar um círculo mágico, servirão para delimitar o espaço para a ação do jogo e evitar que os búzios se dispersem para fora da mesa. Entre os congo e angola, o jogo é feito na urupema, uma peneira chata de palha.

6 – Antigamente, se tocavam, com os búzios na mão fechada, a testa do consulente, seu coração e suas mãos. Atualmente, não se tocam mais esses pontos, apenas faz-se uma simples menção.

7 – Perguntar o nome do consulente e a data de seu nascimento para fazer a apresentação dele ao jogo, dizendo o seguinte: "Eu vou jogar para fulano de tal no dia em que olhou a terra (wò ilẹ̀)................"

8 – Alguns olhadores utilizam, na sua mesa de jogo, pedras, favas, moedas, imagens de santo, bola de cristal, figa, conchas etc. Trata-se de um critério pessoal de quem joga, não

havendo interferência se o sistema de jogo é por Odù, ou seja, sistema de leitura pelas configurações apresentadas, salvo se quem joga pretenda criar um código pessoal já aprovado, por experiências anteriores, pela utilização desses complementos.

9 – Essa forma de utilização de complementos é que faz com que um mesmo lance divirja de olhador para olhador, enquanto que, no princípio dos Odù, a interpretação é única a todos.

10 – Há pessoas que jogam com 7, 8 ou 21 búzios, este denominado de bará. O sistema yorubá por Odù utiliza-se de 16 búzios, modalidade que se estendeu a outros candomblés. Como veremos mais adiante, em meio aos lances com os 16 búzios são feitas jogadas com 4 búzios para efeito de confirmação.

11 – Se necessário, criar um código pessoal de análise para certas situações que poderão ocorrer durante um jogo. Búzios que se quebram, trepados um no outro, atirados no chão, ou com formações de cruz, linha reta, círculo etc. Todos os sinais apresentados devem ser examinados para a formação deste código de interpretação que, em alguns casos, são mensagens complementares.

12 – Cada momento do jogo é uma lição de conhecimentos e um encontro com a sua sensibilidade.

13 – A presença da pessoa num jogo traz melhor irradiação, embora ele possa ser feito sem que ela esteja no local.

14 – É aconselhável o cliente não dizer nada de início para não confundir o olhador. No decorrer do jogo o diálogo é possível.

15 – A experiência ensina que são importantes algumas características aliadas ao conhecimento técnico do jogo:

Psicologia prática	Audição	Táticas
Mediunidade	Intuição	Signos
Visão apurada	Bom senso	Prática

16 – Modo de jogar: são efetuadas 4 jogadas, que são suficientes para uma análise, podendo haver outras conforme o andamento do diálogo. Utilizar os 16 búzios:

1ª Jogada – Abre o jogo com o assunto do momento. É o mandante do jogo;

2ª Jogada – Examina os cuidados para o futuro devido aos problemas do momento;

3ª Jogada – Indica o aspecto negativo do Odù que está prejudicando a pessoa. É a este Odù que será dado caminho, ou presenteado;

4ª Jogada – É um apanhado geral e também serve para saber a qual òrìṣà se pode recorrer para que a pessoa tenha melhoras depois de feito o ẹbọ. A última jogada é o Odù que vem salvar a pessoa e, como tal, poderá vir a ser presenteado.

Em seguida é utilizado o jogo de 4 búzios para a necessidade de um complemento de informações, que deverá ser visto em conjunto. Serão feitos 4 lances com um grupo de 4 búzios distintos, do total dos 16 búzios do jogo (4 x 4 = 16). Uma outra etapa, se for necessário, é o Jogo do Ìbò para a tomada de decisões importantes. Não se trata de um simples sim ou não diante da pergunta feita. *Importante:* observar qual foi o Odù que deu a resposta, pois ele explicará o porquê do sim ou não. (Ver o capítulo Jogo dos 4 Búzios e o Jogo do Ibò.)

17 – Os Odù podem ser analisados da seguinte forma:
   a) individualmente
   b) por jogadas individuais, dividindo cada caída por barracões, se houver.
   c) em conjunto com as 2 e 3 primeiras jogadas (desmembramento de Odù).
   (Ver o capítulo Combinações dos Odù nas Jogadas)
18 – Ao final do jogo diz-se: "*Ó tán nsọrọ*" (A conversa terminou). Se não houver mais clientes, cobrir o jogo com um pano branco.

OBSERVAÇÕES SOBRE AS JOGADAS

1 – Alguns jogam utilizando paralelamente um jogo de cartas ou cristais, e ainda adotam o sistema de identificação das caídas através da numerologia da data do nascimento do cliente.
2 – Ao se perguntar ao cliente a data de seu nascimento, há também outros objetivos: saber o seu signo e idade, que auxiliarão nas análises das tendências, ou realizar um jogo paralelo pela data do nascimento.
3 – Todos os Odù possuem mensagens boas e ruins, não existindo especificamente aquele que seja totalmente ruim ou bom. O Jogo do Ìbò também tem a finalidade de saber se o Odú está em IRE, em seu lado positivo, ou em IBI, o seu lado negativo.
4 – O òrìṣà é o porta-voz do Odù que se apresentou. A característica do òrìṣà deverá ser considerada e aplicada na interpretação do jogo.
5 – Para saber a qualidade do òrìṣà é necessário conhecer o enredo que tem com outras divindades a fim de se fazer uma boa avaliação. A qualidade está em função do Odú que traz o òrìṣà. Nesse caso, ver também a característica do Odú. Como exemplo, podemos dizer o seguinte:

em Ọsá fala Yemọja; se na jogada seguinte sair Ẹ̀tà Ògúndá, a qualidade de Yemọja será Ògúnte, pois Ògún fala em Ògúndá. Outros exemplos: Ọsá depois Ọ̀fún, que fala Ọ̀sàlá, a qualidade será Yemọja Asaba, a mais velha, ou Iyemòwo, que acompanha Ọ̀sàlá.

Com este procedimento chegamos a outras conclusões: Ògún fala em Ẹ̀tà Ògúndá; se a seguir sair um Odù em que Ọ̀sun fale, a qualidade seria Ògún Wari, que tem enredo com Ọ̀sun; em Ọ̀sẹ́ fala Ọmọlu, a seguir se posicionando Ọ̀fún, a qualidade será Ọmọlu Jagun, porque Jagun tem enredo com Ọ̀sàlá. Este é um dos critérios estabelecidos, que deverá ser analisado com atenção e deduções lógicas.

Deduz-se que, para se chegar à qualidade, é necessário primeiro conhecer o òrìsà e o enredo que possui com as demais divindades. (Sobre qualidade de santo, ver Ọ̀rún Àiyé – O Encontro de Dois Mundos, deste autor, à pág. 84.)

6 – Nas três primeiras jogadas, ver a supremacia do òrìsà. As feições da pessoa podem ser observadas. Consultar o Ìbò.

7 – Quando sai o Odù da pessoa, o òrìsà poderá estar na 1ª ou na 4ª posição.

8 – Se tem òrìsà que pode ser "feito" ou não, é o Odù que vai decidir.

9 – O Odù da pessoa só é visto com segurança no Àtẹ, ou seja, quando a pessoa confirmar ou fizer a iniciação. Nesse caso, a Ìyálórisá colocará nas mãos da pessoa Ẹ́fun (pó branco) e mandará a própria pessoa jogar nos 3 e 7 dias durante o rito de Sàsányìn (cantar folhas). Então será visto se tem Odù para dar caminho, se a pessoa vai ter cargo ou ter casa aberta.

10 – Há casos especiais em que, para se saber com segurança o òrìṣá da pessoa ou seu Odù, o consulente deve tomar banho de ervas e descansar antes do jogo ser realizado, podendo ainda dar oferendas aos seus antepassados.

11 – O Odù acompanha a pessoa a vida toda, havendo outros Odù transitórios que regem momentos e etapas da vida.

12 – Os Odù têm personalidade variada na seqüência das jogadas. Por esse motivo são feitas diferentes jogadas, e as interpretações, vistas em conjunto;

13 – *Opira* é a denominação da caída com todos os búzios fechados. Não há mensagem. Pode ser morte. Fechar o jogo e despachar a rua.

14 – Quando houver dúvidas a respeito do caminho do Odù a ser analisado, pegar 5 búzios e jogar. O número de búzios que caírem abertos será o caminho a ser analisado.

15 – Ọ̀bàrà 3 vezes, dar caminho e depois perguntar se a pessoa é de Ọ̀ṣọ́òsì ou Ṣàngó, porque em Ọ̀bàrà fala a cabeça. Esses dois òrìṣà sempre respondem. Se cair duas vezes, fala Ọ̀ṣọ́òsì. Ficar atento, pois a pessoa pode ser de Ọ̀ṣọ́òsì. Como é a cabeça que fala nesse Odù, ela pode estar cortando alguma situação.

16 – Dividir uma jogada por barracões significa desmembrar o posicionamento dos búzios a fim de saber de que forma o Odù foi formado. É uma forma opcional de analisar a caída com condições de desenvolver maiores respostas. Grande parte dos que jogam não divide o jogo em barracões. No modelo de jogo a seguir explicaremos melhor o assunto.

16 – *Odùdúwà* é um òrìṣà que não é feito. É substituído por Ọ̀ṣàgiyán ou Ógún.

UM MODELO DE JOGO BÁSICO POR ODÙ

Vimos que, para realizar um jogo, são efetuadas 4 jogadas que servirão de base para uma interpretação sobre a pessoa, a família e o trabalho.

Para ampliar e aprofundar a interpretação, dividimos o jogo em barracões, o que significa verificar de que maneira o Odú principal foi formado. Dividir uma caída em barracões é a 2ª etapa do aprendizado e que requer uma atenção redobrada.

Os barracões são detectados pela separação visual entre os búzios abertos dos fechados, ou por um ou mais búzios se posicionarem ligeiramente mais afastados.

Neste tipo de jogo é conveniente a anotação das caídas e dos Odú que formam os barracões, até haver prática na memorização. Siga o modelo que apresentaremos. Para uma melhor orientação, os barracões estarão destacados.

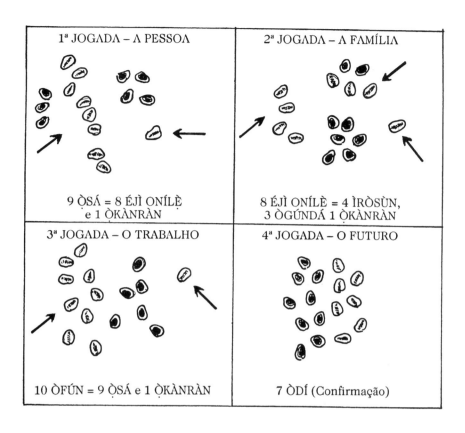

ANÁLISE DO JOGO

1.ª JOGADA – *Òsá* surge como o cabeça do jogo, respondendo *Yánsàn* e revelando uma pessoa geniosa, decidida e com intenção de viajar ou fazer mudanças. *Éjì Onílẹ́* se apresenta no barracão de 8 búzios, formando uma seqüência reta, indicando um caminho com viagem à vista, mudanças, mas com alguma perturbação confirmada por *Òkànràn*.

2.ª JOGADA – O Odù é *Éjì Onílẹ́*, que se posiciona agora como mandante desta jogada, revelando que há dificuldades, falsidades e lutas através de questões confirmadas pelo barracão de *Ògúndá*, com aborrecimentos e confusões (ver o que representa *Ògún*, o titular deste Odú). Essa jogada revela pessoa da família (ou ela própria) com a saúde debilitada. No barracão de *Ìròsùn* fala *Òsọ́òsì*, avisando que eles não estão se entendendo. Há alguém exercendo forte influência sobre todos (verificar). *Òkànràn* se posiciona confirmando tudo.

3.ª JOGADA – Em *Òfún* fala *Òsàlá*, insistindo com o problema de saúde onde muitos sofrem sem saber o que fazer. *Òfún* indica *borí* porque *Òsá* revela "cabeça-quente" no trabalho, proveniente dos fatos anteriores revelados. Tem futuro na profissão que exerce. A presença de *Òkànràn* na divisão dos barracões sugere novidades que ocorrerão no trabalho.

4ª. JOGADA – *Òdí* se apresenta para confirmação das mensagens ruins e revela que a viagem ou mudança desejada será proveitosa. *Òdí* é o Odù que revela pessoas ambiciosas, que conseguem o que desejam. *Òṣun* fala em dinheiro, dizendo que a pessoa deverá usar de sua inteligência para superar tudo, e que terá êxito por sua própria vontade.

UM MODELO DE JOGO COM 6 JOGADAS

Em outubro de 1986, foi feita, juntamente com um grupo de alunos do Curso de Língua Yorubá que dirigimos, uma abordagem sobre os sistemas de Odù e seus significados. Inevitavelmente, surgiram algumas perguntas sobre os meios diversos de consultas, recaindo o interesse pelo jogo de búzios. Sugeriu-se, então, que fizéssemos um jogo. O personagem seria uma figura política com bastante evidência na época e que estava realizando uma importante transformação financeira no país.

O que se pretendia era comprovar as mensagens dos Odù com os acontecimentos da época envolvendo o caso. Reproduzimos, na página seguinte, o jogo efetuado. Os barracões estão destacados.

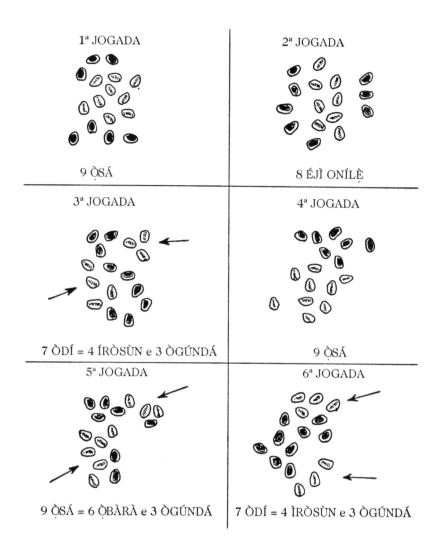

~~~ ANÁLISE DO JOGO ~~~

1ª JOGADA – *Òsá* é o cabeça do jogo, demonstrando autoridade no comando das novas idéias. Há inveja pelo que está sendo feito, com brigas e muita confusão.

2ª JOGADA – *Éjì Onílẹ̀* revela muitos papéis que imporão as novas leis. Muita luta e sacrifício. Perspectiva de doença (estafa) pela agitação do que está acontecendo.

3ª JOGADA – *Òdí* diz que há sofrimento com vitória. Na divisão por barracão, *Ìròsùn* mostra que querem destruí-lo no trabalho, mas *Ògúndá* pede paciência, pois há risco de agressões e até morte.

4ª JOGADA – *Òsá* é claro nas decisões de luta, mas mostra que a pessoa é trabalhadora. Haverá momentos de calma.

5ª. JOGADA – *Òsá* novamente se posiciona e diz que, embora haja correntes contrárias, a pessoa se revelará persistente. Avisa ainda de perigos futuros com desastres e caminhos perigosos que poderão levar tudo para um abismo. O barracão de *Òbàrà* pede novos contatos ao mesmo tempo em que revela altos e baixos no andamento das mudanças projetadas. A espada de *Ògúndá* continua a interceder no sentido de proteção.

6ª JOGADA – É *Òdí* que vem confirmar os avisos. Querem destruí-lo no cargo que mantém. *Yánsàn* falando na necessidade de ser forte nas decisões.

OBSERVAÇÕES SOBRE OS ODÙ DURANTE UM JOGO

ÌRÒSÚN — É um Odù do mato e responde Ọ̀ṣọ́ọ̀sì. Leva corda de sisal – medir 4 palmos do cliente –, fica enrolada no fundo do alguidar.

ỌṢẸ́ — Não usa alguidar. Quando sair três vezes, fazer um ẹbọ de carne na lixeira. Usar morim cor-de-rosa e amarelo. Às vezes é preciso dar presente para as *Ìyámi*.

ÒBARÀ — Saindo três vezes, dar caminho. Em *Ọ̀bàra* fala a cabeça.

ÒDÍ — É o dono da praça. Pega moedas, fitas coloridas vermelhas e marrons, e doces brancos.

ÉJÌ ONÍLẸ̀ — É um Odù da terra e do mato. Grande parte do que lhe é oferecido é feita em forma de bola. O inhame, depois de cozido, é amassado no formato de pequenas bolas.

ỌSÁ — Usar ovos de pata e espelho redondo. A pessoa se olhará no espelho e depois o colocará virado. Arriar tudo onde houver umidade.

Perguntar a *Ọsá* se quer caminho de *Yemọja* ou *Yánsan*. São dois caminhos: 1º pelo lado de *Yemọja*,

	voltado para o mar, tendo que entrar ovo de pata. Pegar morim rosa e amarelo. O 2º. caminho, pelo lado de *Yánsàn,* com pano branco e galinha.
ÒFÚN	– Todos os elementos sem sal. Quando houver pombo branco, fazer o pedido no ouvido da ave e soltá-la.
ÒWÓNRÍN	– Usar faca ou bala de revólver quando for o caso de existir ameaça ao cliente.
ÌKA	– Indica cargo de santo e deve ser presenteado.
ÒDÍ e ÒWÓNRÍN	– Na 1ª, 2ª. e 3ª. jogadas é preciso ter ẹbọ sem necessidade de fazer o jogo do *ibò*.
ÒKÀNRÀN, ÒDÍ e ÒWÓNRÍN	– Dá-se caminho todas as vezes que aparecer na 1ª, 2ª. e 3ª. jogadas.

Os odù ligados a *Èṣù* não admitem um carrego só. Se sair três vezes, na 1ª., 2ª. e 3ª. jogadas, é preciso fazer três ẹbọ em encruzilhada.

~~~ COMBINAÇÕES DOS ODÙ ~~~
NAS JOGADAS

Não é apenas individualmente que os Odù são analisados. No conjunto das jogadas eles fornecem pistas importantes para um diagnóstico até mais amplo. Isto é definido como desmembramento ou acasalamento de Odú. Vamos dar a seguir algumas jogadas em conjunto recolhidas por experiência própria, e outras através de informações de outros olhadores que, pelo nível de acerto, vão aqui relacionadas. Os Odù serão designados pelo número de búzios abertos com que são representados. Observem que os números maiores não aparecem, revelando que eles pouco se apresentam num jogo.

1	– *ÒKÀNRÀN* (Novidades)
1-7	– brigas, rompimento, perdas
1-11	– não ver sobre *òrìsá;* verificar *Esù* assentado.
1-7-6	– ajuda, prosperidade
1-10-11	– feitiçaria
2	– *ÉJÌ ÒKÒ* (Responde ajê, a riqueza)
2-4	– problemas com feitiço
2-8	– lutas, ameças
2-9	– *abikú*

2-8-8	– papéis, traição
2-10-7	– fazer o santo
2-10-14	– certeza de ser *abikú*
2-11-7	– traição amorosa
3	– *ẸTA ÒGÚNDÁ* (Justiça, emprego, papéis, polícia)
3-3	– tudo ruim
3-10	– desemprego, cirurgia, cuidado com cortes
3-7-1	– aborrecimentos, coisas de santo com problemas, *bọri*
3-8-10	– aviso de boas notícias
4	– *ÌRÒSÙN* (Falsidade, prudência, decisão)
4-4	– é de *Ògún* ou *Ọṣọ́òsi*
4-5	– *Òsányin*
4-8	– *Ọbalúwáiyé*, problemas de *éegun* na família
4-7	– perdas
4-9	– *ẹbọ ikú*
4-5-4	– *Obà*
4-6-7	– *Òsányìn*
4-6-12	– para coisas de comércio é ruim
5	– *ÒṢẸ́* (Ajuda, feitiço, mediunidade, cargo)
5-5	– falsidade de mulher ou pelos caminhos de mulher
5-7	– inveja
5-9	– disputa de amor
5-11	– morte ou operação a caminho
5-1	– trabalhos de *Èṣù*
5-15	– fala *Ogúntẹ*
5-5-5	– feitiço, desemprego

6	– ÒBÀRÀ (Fala a cabeça)
6-6	– Òṣọ́ọ̀sì, fala a cabeça
6-7	– Logun
6-9	– a pessoa está de cabeça quente
6-10	– clausura; vai ganhar dinheiro em casa, comerciante
6-11	– tudo confuso, passar banho
6-12	– cuidados
6-6-6-6	– pode ser *abikú*, pai ou mãe
6-6-8	– *Ibualamọ(n)*
6-7-9	– feitiço
6-6-6	– perda de tudo, dinheiro, emprego, saúde
6-2-8	– problemas psicológicos
7	– ÒDÍ (Mensagens, confusão)
7-4	– Òṣọ́ọ̀sì; pessoa sendo enganada, notícia de morte
7-6	– Logun
7-7	– Òsùmàrè
7-9	– guerra, conflito
7-11	– fala Èṣù, feitiço
7-6	– caminho de dinheiro dado por Èṣù
7-7-7	– feitiço, assentar Èṣù
7-7-12	– se já não for feito, fazer o santo
8	– ÉJÌ ONÍLẸ̀ (Doenças, papéis)
8-10	– vida longa
8-8	– falsidade
8-9-10	– morte
9	– ÒSÁ (Caminhos difíceis)
9-3	– Yemọja Ògúntẹ

9-5	– *Asesu*
9-6	– gravidez, pessoa implicante
9-7	– crise renal
9-10	– *Yemòwo*
9-9	– *éegun* perturbando
9-11	– não afirmar o nome do òrìṣà
9-9-9	– felicidade, realização
10	– ÒFÚN (Saúde, perturbações, conquistas)
10-7	– fala *Lejúgbè*
10-10	– Òṣàlá, borí ou feitura; morte súbita
10-3-6	– cabeça dividida: Òṣàlá e Ṣàngó
11	– ÒWÓNRÍN (dificuldades, perdas)
11-7	– caminho de crime
11-9	– despachar Èṣù
11-5	– fala *Opara*; dores no ventre
11-11	– fala Òṣun ou é de Òṣun
12	– ÈJÌLÁ ṢEBORA (Justiça, más influências)
12-12	– quer a cabeça para feitura

COMO DAR CAMINHO AO ODÙ

Dar caminho ao Odù significa a necessidade de uma oferta ritual para afastar o lado negativo do respectivo Odù e garantir uma situação mais confortável e segura, compatível com o destino que foi designado a uma pessoa. Costuma-se dizer, indevidamente, "despachar o Odù".

Na linguagem do jogo, a palavra correta é *Adimù*. Ter *adimù* quer dizer "ter caminho a ser dado ao Odù".

Sobre o assunto, vejamos algumas regras estabelecidas:

1 – Odú que se dão caminho:

    1 – *Òkànràn*
    2 – *Èjì Òkò*   (só se sair 3 vezes)
    3 – *Èta Ògúndá*
    4 – *Ìròsún*
    5 – *Òsé*   (só se sair 2 vezes)
    6 – *Òbàrà*   (só se sair 3 vezes)
    7 – *Òdí*
    9 – *Òsá*

11 – Òwónrín
13 – Éjì Ológbọn

Odù que não se dão caminho:

8 – Éjì Onílẹ̀
10 – Òfún
12 – Èjìlá Ṣẹbọrà
14 – Ìka

2 – Sempre que se for dar caminho ao Odú, dizer "*A Ìka nikan ẹbọ*" Trata-se de uma saudação ao Odù *Ìka,* que é o grande encaminhador de *ẹbọ.*
3 – A ordem dos elementos a serem usados ou passados no corpo da pessoa segue a seguinte seqüência, quando os mesmos são utilizados:

1 – alguidar
2 – pano
3 – canjica
4 – pipoca
5 – *akasa*
6 – *akarajẹ*
7 – inhame
8 – quiabo
9 – ovos
10 – velas
11 – charuto
12 – aguardente
13 – fósforos
14 – bichos
15 – folhas

O inhame e arroz são amassados em formato de bolas depois de cozidos. Igualmente, a farinha de mesa é amassada com água em formato de bola. O pano de morim branco é passado pela cabeça; o preto e vermelho é do ombro para baixo.

Os animais, quando usados, são passados pelo corpo e depois soltos.

Sacudimento: folhas de aroeira e são-gonçalinho; elas são os últimos elementos a passar. Ver cântico nº 8.

4 – Toda consulta tem caminho a ser dado. Quando sair um Odù que não se dá caminho, fazer, nesse caso, o jogo do *ìbò*.

5 – Não se pode dar caminho de Odù para todas as pessoas que jogarem, pois isto pode enfraquecer. Começar com coisas mais leves, como banhos de folhas ou *àkàsà*.

6 – No jogo, se cair um Odù que não se dá caminho, procurar saber se tem de fazer *ẹbọ ikú* ou *ẹbọ éegun*.

7 – Nem sempre o Odù da 3ª caída está querendo caminho. Muitas vezes é o da 4ª caída que quer ser presenteado. A 4ª jogada nunca se computa para dar caminho. Só se for presente.

8 – Os *ẹbọ* de Odù são feitos sem sangue. Quando tem animal, ele é só para ser usado e solto vivo. Não há sacrifício. *Adimù* quer dizer "dar caminho sem sangue".

9 – Nenhum resto de *ẹbọ* pode ser jogado no lixo. Vai no carrego.

10 – Para todos os Odù, na volta do *ẹbọ*, arriar uma canjica para *Òsàlá*. Caso haja necessidade, poderão ser feitas comidas secas para outros *òrìsà*. Se o *ẹbọ* for para *Òdí*, o certo é fazer, no 3º dia, três "padês" para *Èsù*, com dendê, mel e água, e acender uma vela para o anjo-de-guarda.

11 – O local de entrega do *ẹbọ*, depois de ter sido feito, poderá ser um dos relacionados abaixo, salvo decisão contrária do jogo: o local está relacionado com o objetivo desejado.

Encruzilhada de barro	– Òkànrán, Ògúndá, Ìrosún
Subida de barranco	– Òwónrín
Colina	– Òbará
Caminhos, estradas	– Ògùndá
Campo aberto	– Òsá
Beira de praia	– Òsá, Òsé
Dentro do mato	– Òdí
Beira do rio	– Òdí, e os Odù ligados às águas
Praça	– Òdí
Lugar úmido	– Òsá, Òsé, Éjì Ológbon
Lixeira	– Òsé, Òkánran
Linha de trem	– Òkànrán, Òdí
Cachoeira	– Éjì Onílè
Pé de Jaca	– Éjì Òkò
Próximo a Banco	– Òbàrà
Próximo a Igreja	– Òfún

12 – Ao entregar, enrolar tudo no tecido com nós nas pontas ou não.

13 – Usar animais fêmeas para *Òdí, Òsá, Ofún, Éjì Onílè* e *Éjì Òkò*.

14 – Quando se dá caminho no mato, não se põe a mão; prepara-se tudo e a própria pessoa é que passa o ẹbọ no corpo e deixa no lugar determinado; verificar essa decisão no jogo.

15 – *Pana(n)* de *Éegun* consiste em todas as coisas que *éegun* pode pegar para descarregar a pessoa: ẹkọ (*àkàsà* de milho branco desenrolado), bolas de arroz cozido, inhame e farinha de mesa, *èkuru* (feijão-fradinho), quiabo, ovos, velas, pipoca.

16 – Dar caminho a um Odù que fale de problemas com éegun: pinta-se o alguidar com ẹfun ou se fazem cruzes de acordo com o número do Odù, por dentro e por fora; os elementos são rasgados e quebrados.
17 – O que fazer quando cair um Odù que não se dá caminho? Exemplo: Òdí – Odí – Éjì Onílẹ̀. Na terceira jogada saiu o Odù que não se dá caminho. Nesse caso, dá-se caminho a Òdí e coloca-se uma bandeira branca em cima do ẹbọ (simbolizando paz, misericórdia); tudo é feito em bolas. Verificar.
18 – De uma certa forma, o Odù não tem nada a ver com o òrìṣà da pessoa. O que pode ser kizila para um pode não ser para o outro.
19 – O número de elementos usados no ẹbọ está em função do número a que o Odù corresponde. Por exemplo: Ọ̀kànràn 1, Ògúndá 2, Ọ̀bàrà 6, e assim por diante.

Observe este ẹbọ de Ọ̀kànràn; 1 panela de barro, 1 akarajẹ, 1 àkàsà, 1 vela, 1 ovo, 1 èkuru, 1 bola de arroz, 1 moeda, 1 búzio fechado, 1 galho de são-gonçalinho ou aroeira. Coloca-se dentro do rio.
20 – No capítulo referente aos cânticos e rezas, verificar que para todo ato há um cântico relacionado. Convém memorizá-los, para uma perfeita harmonia de trabalho.
21 – Todos os Odù podem ser presenteados, mas a nem todos pode ser dado caminho. Ver a relação no item 1.
22 – Observar as fases da lua: lua minguante para tirar atrasos de vida e doenças; lua crescente para obrigação e presentes.

～～ O ẸBỌ ODÙ ～～

A palavra ẹbọ significa sacrifício, oferenda, e vem de bọ – alimentar. Na língua yorubá não há diferentes nomes para definir o sacrifício de animais, oferendas de comidas e plantas, trabalhos determinados pelos Odù do jogo de búzios ou pelos odù-Ifá. Tudo é conhecido por um só nome, ẹbọ.

Existe o ẹbọ òrìṣà (sacrifício ou oferenda para as divindades), ẹbọ Odù (oferenda para o Odú) ou ẹ̀bun odù (presentear o Odù). É sobre os dois últimos que vamos tratar agora.

Em Ọ̀run Àiyé – O Encontro de Dois Mundos (p. 280), fizemos referência às diferentes formas de oferendas até os ritos de sacrifício. Dissemos na oportunidade: "Todo ẹbọ é determinado pelo jogo em suas várias modalidades; por meio do jogo a pessoa sabe o que o òrìṣà deseja e o que a espera em determinado momento. Se for algo desagradável, faz-se uma oferenda a fim de alterar a situação para melhor; se for uma notícia agradável, uma outra oferenda é feita no intuito de agradecer e comemorar. Dessa maneira, deve-se entender que, tanto o jogo quanto as oferendas – ẹbọ – estão interligados; enquanto o jogo indica uma solução teórica do problema, o ẹbọ representa a resposta prática à solução do problema.

Todo ẹbọ é relacionado com algum Odù que atua como orientador na forma de como fazê-lo, determinando os elementos que o comporão e o local a ser realizado

Pela explicação dada há pouco podemos entender que o ẹbọ é um ato mágico-religioso, que não deve ser confundido com bruxaria, e seu agente, por sua vez, como a personificação do mal. Em sua descrição sobre eles, E. Bólájí Ìdòwú diz: "Os bruxos são seres humanos de vontade muito forte, com inclinações diabólicas;... eles são verdadeiramente maus, transmitem satisfação sádica trazendo desgraças para outras pessoas."

É dessa forma que devem ser enquadrados todos aqueles que escrevem livros ou divulgam o candomblé, instituindo o ẹbọ como forma de trabalhos maléficos contrários aos princípios religiosos e sociais já consagrados.

RELIGIÃO E MAGIA NOS RITOS DE ẸBỌ

Um ẹbọ pode ser definido como um ato de se fazer uma oferenda do reino animal, vegetal ou mineral, de comidas, bebidas e qualquer objeto, a uma divindade, um ser ou algo em que se acredita. É um ato mágico-religioso que se utiliza das forças naturais existentes nesses elementos para um determinado fim.

A religião e a magia são tão interligadas, que se torna difícil dizer quando é que uma invade o domínio da outra. Tanto uma quanto a outra se baseiam na crença de forças que causam e controlam os fenômenos da natureza, e na possibilidade de se estabelecer um contato com essas forças misteriosas.

O homem, como uma criatura que conhece suas limitações, sabe que tem necessidade de inúmeras coisas. E que às vezes não pode conseguir, por defrontar-se com muitos problemas. A religião ensina que existem recursos extranaturais no universo, para o seu proveito, e que esses recursos podem ser conseguidos de duas maneiras:

1. Pela Religião: apelando ao Ser Supremo (*Olódùmarè*), conforme as suas necessidades;

2. Pela Magia: idealizando uma forma de captar as forças elementares, já criadas no universo pelo Ser Supremo, e que podem ser conseguidas por aqueles que sabem como fazer.

O que gostaríamos de destacar é que não há nenhuma forma de coação do ato mágico dos trabalhos junto ao Ser Supremo a fim de se conseguir o que se deseja. O que a magia faz é utilizar os recursos proporcionados pelo Ser Supremo em benefício de todos. Há uma consciência religiosa que se sobrepõe a tudo. É nesse ponto que desejamos chegar. As rezas (*adúrà*), invocações (*ìjúbà*) e encantamentos (*ọfọ̀* e *ògede'*) são formas de manifestar o poder de Deus. Nos ritos de candomblé há sempre o que dizer para acompanhar e dar forma aos atos mágicos.

～～ NOVAS EXPLICAÇÕES ～～

Para acompanhamento dos altos e baixos do homem ficou estabelecida a consulta divinatória – *Búzios, Obì, Òpèlè* ou *Ifá* – como um direito instituído pelo Ser Supremo em benefício de todos.

A consulta periódica objetiva observar a evolução da vida na terra (*aye*), e verificar se o destino (*àyànmó(n)*) das pessoas está de acordo com o que foi determinado quando o recebeu do Ser Supremo. Ver, em *Òrun Àiyé*, Ori e o Destino (p. 135), e Possíveis Alterações do Destino (p. 162).

O jogo é um momento e não o fim de um ato ritualístico. Por esse motivo, em seqüência, podem ser indicados banhos de ervas, oferendas simples ou trabalhos mais profundos denominados de *ẹbọ*. Em vista disso, e pela real importância de se fazer o que seja correto, vamos enumerar diferentes situações para uma orientação básica em sua realização.

Em muitos casos do que será relatado, não há como generalizar, não há regras fixas; pelo contrário, o ato do *ẹbọ* é variável da mesma forma como é o jogo que o determina. Assim, tudo deve ser regido pela experiência, observação e sobretudo certeza de que estão sendo feitas as coisas certas.

OBSERVAÇÕES SOBRE A FEITURA DO ẸBỌ

1 – Silêncio total na preparação dos elementos do ẹbọ. Ao sair para levar, logo no 1º caminho saúda-se Èṣù com 1, 3 ou 7 àkàsà. No mato, saúda-se Ọ̀sányìn com 1 àkàsà, e Ògún com 3 àkàsà.
2 – Não andar para trás com o ẹbọ e nem dar marcha à ré com o carro.
3 – Horário: varia entre a parte da manhã e a tarde para os casos de harmonia e saúde, e à noite para os caminhos de éegun.
4 – Todos os elementos que se vão passando na pessoa não devem voltar de baixo para cima num vaivém. Começa em cima, na altura do pescoço e termina na sola do pé direito.
5 – Após passar o ẹbọ, a pessoa não deve sentar enquanto quem foi despachar não voltar. Depois que a pessoa voltar é que começa o banho.
6 – Banho de erva fervida só para quem não é feito. Para obrigações, macerar na mão ou, em outros casos, com pilão. Dar o sumo para a pessoa e mandar tomar de 3 a 7 banhos. Pedir para coar e trazer o bagaço (para comprovar que ela realmente tomou o banho). O banho deve ser tomado do pescoço para baixo.

7 – Para banhar-se após o ẹbọ, usar as folhas: cana-do-brejo, caruru, *mariwo,* mutamba, peregun, favaquinha miúda (7 banhos em 7 dias).

8 – Usar folhas básicas; uma do òrìṣa da pessoa, as outras podem ser saião, colônia, peregun, manjericão. Exemplo:

Òṣàlá – boldo
Ògún – cipó chumbo
Ọ̀sányìn – mutamba
Ṣàngó – nega-mina
Òṣùmàrè – mariazinha
Ọ̀sun – oriri
Yánsàn – pega-pinto

Ọmọlu – caruru
Nàná – mãe-boa
Yemọja – nega-mina
Ọ̀ṣọ́òsì – jarrinha

9 – Banho de àkásà depois do ẹbọ é todo ele passado pela cabeça abaixo. Banho de sal grosso – costuma-se usar junto com o banho de ervas, se houver necessidade.

10 – Sempre depois do ẹbọ fazer o jogo do obì e perguntar se quer um lugar diferente para a entrega.

11 – Alguns tipos de ẹbọ:

Ẹbọ Ọpẹ́ – agradecimento

Ẹbọ Èjẹ̀ – votivo, juramento

Ẹbọ Ètùtù – apaziguamento

Ẹbọ Ojúkòríbi – prevenção
Ẹbọ Ayèpínùn – substituição

Ẹbọ Ìpílẹ̀ – fundação, novos caminhos
Ẹbọ Òkú Ọ̀run – aos ancestrais
Pana(n) Éegun – afastar Éegun

OFERENDAS

Para exemplo de obrigações e oferendas, relacionamos algumas que foram coletadas e tiveram seus objetivos atingidos. Esses trabalhos devem ser entendidos como a fase final de um processo que se inicia numa mesa de jogo e tem um transcurso complexo, que vai desde a busca dos ingredientes, o preparo, a feitura e a entrega do carrego final. Em todas as fases atuam diversas pessoas com conhecimento das funções, exigência principal para se conseguir o que se deseja.

PRESENTE PARA ỌBÀRÀ

1 abóbora de bojo e pouco pescoço
um punhado de milho de galinha cozido com pouco sal
canjica branca cozida – ègbo – sem sal
6 moedas em números pares
1 metro de morim branco
6 velas

Fazer na lua crescente. Cortar a abóbora atravessada próximo ao pescoço. Colocar o milho dentro, a canjica e as moedas. Estender o morim branco na terra de um mato limpo. Colocar a abóbora no centro e acender as seis velas em volta. Antes, acender uma vela para Ọsányìn. Agradecer e pedir o que se deseja.

OBRIGAÇÃO PARA ÒDÍ

1 metro de morim branco
7 velas
7 bolas de farinha de mesa com água
7 *àkàsà*
7 punhados de feijão-fradinho torrado
7 punhados de feijão-fradinho cozido
7 galhos de aroeira ou são-gonçalinho

Passar tudo pelo corpo, inclusive as velas, sem acendê-las; quebrar todas elas, dizendo: "Estou quebrando todas as forças do mal". Depois enrolar tudo no morim sem dar nó e arriar numa praça.

PRESENTE PARA ÈJÌ ONÍLẸ̀

1 metro de morim branco
1 bandeira branca
1 moringa
1 alguidar pintado de branco
8 cabacinhas
8 bolas de arroz
8 bolas de farinha
8 *obì*
8 moedas
8 velas

Fazer uma infusão de mel, azeite doce, vinho branco doce e gengibre ralado. Encher a moringa e as cabacinhas com a infusão. Colocar tudo no alguidar. A bandeira coloca-se na moringa; as velas, acendem-se em volta. As cabacinhas ficam dentro do alguidar em volta da moringa.

EBỌ PARA AFASTAR EGUN

1 metro de morim branco
Roupa velha da própria pessoa
9 velas
9 bolas de arroz
9 *akarajẹ*
9 ovos
9 bolas de farinha de mesa
9 *èkuru*
Pipoca

Com a pessoa em cima do morim, e vestida com a roupa velha, passar tudo pelo corpo, quebrar as velas. A seguir rasgar a roupa velha e colocar tudo no morim branco. Amarrar e despachar no rio, mar ou mato (jogar antes para saber). Depois, preparar um banho de ervas: pára-raio, manacá, aroeira, erva-prata. Colocar num pote e ir tirando. Tomar 3 banhos em 3 dias seguidos.

OBRIGAÇÃO PARA YEMỌJA NO MAR

Canjica cozida numa tigela branca
8 ovos cozidos
16 moedas
1 espelho
1 rosa branca (tirar os espinhos)
1 metro de fita rosa, branca e amarela
1 vidro aberto de perfume

Na sétima onda, oferecer tudo para Yemọja Ògúntẹ.

OBRIGAÇÃO PARA ÒFÚN

Morim branco grande
Canjica branca cozida – *Ègbo* de *Òṣàlá*
10 velas
10 bolas de arroz
10 *àkàsà*
10 bolas de inhame
10 bolas de algodão
10 *akaraje* de azeite-doce
10 ovos brancos crus
10 bolas de farinha de mesa
1 pombo branco

Passar tudo na pessoa e depositar no pano com as pontas bem grandes, fazer uma trouxa e amarrar no tronco de uma árvore, de preferência que seja frutífera. Procurar uma árvore escondida para que fique amarrada o maior tempo possível. Passar o pombo na pessoa e soltar. Depois tomar banho de folha.

PARA BANHOS DE FOLHAS

Manjericão, alevante, saião, boldo, folha de algodão, alecrim e favaquinha.

PARA DEFUMAR A PESSOA E O LAR

Louro, cravo, açúcar, erva-doce.

PARA DEFUMAR LOJA E NEGÓCIOS

Açúcar, benjoim, canela em pó, pó de café, casca de alho, alfazema.

PARA FAZER UM PATUÁ

1 alho macho
3 folhas de arruda
1 figuinha de guiné
3 pedrinhas de sal grosso
Pano branco virgem

Cortar o pano no tamanho de 5 cm em formato arredondado. Costurar com linha virgem e colocar tudo dentro e fechar.

PARA LIMPEZA DE LOJA

Espalhar pelo chão arroz comum, arroz de casca, semente de girassol, feijão-fradinho, milho, canjica. Varrer a loja com tudo, fazendo depois uma trouxa com morim branco e deixando num local onde se movimenta muito dinheiro.

PARA AFASTAR UM INIMIGO QUE ESTEJA INCOMODANDO

Pegar quatro ovos chocos, em cada um deles escrever o nome da pessoa ou pessoas, e colocar numa vasilha de barro. Passar por três encruzilhadas, e em cada uma delas apanhar um pouco de terra e jogar em cima dos ovos na vasilha. Ir pedindo o que deseja. Na 3.ª encruzilhada colocar a vasilha no chão, pôr álcool e acender. Ficar de longe vendo. Quando os ovos começarem a estourar, ir dizendo: "A feitiçaria que puseram em mim, que não me atinja." Depois acender uma vela para as almas.

UMA OBRIGAÇÃO PARA AS ÁGUAS

1 bacia de ágata branca
1 ọmọlokun de azeite doce
29 ovos cozidos
7 ovos crus
3 palmos de morim branco
1 obì
Canjica branca cozida – Ègbo
1 lençol branco

Passar o morim branco pelo corpo inteiro, depois o obì e os ovos crus. Fazer uma trouxa com o morim e jogar nas águas do rio.
Arriar o ọmọlokun com os 29 ovos. Em seguida passar a canjica branca pelo corpo, da cabeça aos pés, enrolar-se no lençol e vir embora.

Em casa, tomar um banho de alevante, canela de velho e manjericão do pescoço para baixo durante três dias.

Se for para *Yánsàn,* os ovos crus são colocados em volta do ọmọlokun e serão molhados com uma mistura de mel, água do local, dendê e sumo da folha do dendezeiro.

Para essa obrigação, é feita a seguinte recitação devidamente traduzida para uma melhor compreensão:

Ni ọjọ́ àtijọ́	Desde os tempos imemoriais
Òrìṣa odò la npè	Chamamos o *orìṣà* do rio
Láti kígbe pè orìṣà ọna	Com um grito ao *òrìṣà* deste caminho
K'ó wá gbọ́ awúrè wa	Que ele venha ouvir nossas súplicas
Nígbà to dá lohùn tán	Quando ele terminar de responder
Àwa bẹrẹ̀ si wúre ipè	Nós começaremos a fazer os pedidos
Agbè kí gbọ́ òun Olókun	Ao pássaro azul do caminho de Olókun
Àlukò ki gbọ́ òun Olọ́na	Ao pássaro de penas vermelhas do dono dos caminhos
Nítorí lékeléke l'o léfun	Ao pássaro de penas brancas
Àwodi gbá l'óṣu	Ao falcão do tufo de penas na cabeça
Ṣùgbọ́n kíiṣe ìyẹ́ adìẹ	Mas suas penas não são iguais às penas da galinha
Kò lè jẹ́ ki adìẹ́ ò fò	Não podem ser porque a galinha não voa
Ni ọjọ́ òní emi...	Neste dia eu (dizer o nome)
Ọmọ t'ọ̀mọdún	Que sou filho(a) da dona da festa
Mo kígbe pè ki gbogbo òrìṣà	Eu grito e chamo todos os òrìṣá
Ki ẹ gbọ́ oun Olókun	Que a Senhora Dona das Águas ouça nosso apelo

PARA AFASTAR FORÇAS NEGATIVAS

Pegar três ovos chocos e passar pelo corpo, do pescoço para baixo; depois ir jogando, um a um, contra o chão, sem olhar para trás. Isto é feito andando ou parado. Ver o cântico nº 11 e logo a seguir fazer as sete chamadas de *Òdí*. Em outros casos, substituir os ovos por três quiabos.

OS ELEMENTOS UTILIZADOS NO EBO

VELA — para despachar, não passar pela cabeça e não acender. Quando for presente, pode acender para iluminar a obrigação. Às vezes, quebra-se a vela no sentido de quebrar as forças do mal (*Òdí*). Passar na pessoa sem encostar nela e pôr no *ẹbọ*. Quando for para éegun, quebra-se mesmo para o quiumba não ficar perturbando.

DINHEIRO — Tocar no corpo e soprar como se fosse *ẹfun*.

FRANGO — nas cores do Odù. As aves são os penúltimos elementos a passar no corpo; depois devem ser soltas.

SAL — Nenhum *ẹbọ* leva sal. Presente pode levar, se quiser. *Éji Onílẹ̀* e *Òfún* não levam sal, nem azeite-de-dendê. Frita-se no *òri,* um tipo de gordura. Não tendo *òri,* pode ser óleo de algodão. *Èkuru* não leva sal.

OVO — passar pelo corpo e quebrá-lo. *Ọ̀sá* só aceita ovo de pata. Ver a cantiga que se canta.

PANO — pode ser da cor branca, preta, vermelha, rosa, amarela. Só o de cor branca passa no rosto e no resto do corpo; as demais cores, do pescoço para baixo.

PADÊ — é uma palavra que já caiu em domínio público da gente do candomblé, para indicar a mistura de farinha de mesa com dendê (*epo*), mel, água ou aguardente. É apresentado num prato de louça ou de barro.

BOLA — o arroz e o inhame são cozidos e depois amassados no formato de pequenas bolas. A farinha de mesa deve ser misturada com água ou mel, dando-se o formato de bola: bola de inhame (*ìṣu'su*), bola de arroz (*ìṣu irẹsi*), bola de farinha de mesa (*ìṣu ìyẹ̀fun*).

ÀKÀSÀ — é um pudim de farinha de milho branco envolto em folha de bananeira. Sem a folha enrolada tem o nome de Èkọ.

Outros elementos são usados num ẹbọ, principalmente quando se deseja dar o sentido de luta, paz, agradecimento, abertura de novos caminhos, saúde, dinheiro, liberdade etc. Esses elementos pretendem dar forma mágica aos desejos daquilo que se quer conseguir. Sua utilização é parte importante na composição do ẹbọ. Vejamos alguns destes símbolos:

chave velha	ventarola	guizos
espada de madeira	espelho	cálice
estrela-do-mar	espanador	vassoura
saco de estopa	caramujo	cadeado
cavalo-marinho	ímã	telha canal
ramos de trigo	flores	cadarço
bandeira branca	*ikodide*	pólvora
areia do mar	pão	pimenta
banana-da-terra	pipoca	frigideira
feijão branco	cristal	argolas
rolo de linha	moeda	quiabo
coco verde	cabaça	charuto
cachimbo de barro	prata	varetas

parafuso de dormente	corda	facão
cravos de ferradura	gorros	azougue
estrume de boi	algodão	pote sem asa

Outros elementos usados e sua simbologia:

pimenta	– união, fertilidade
caracol	– atrai o frescor e a calma
água	– esfria
peixe	– livra da guerra
milho	– dinheiro
ovo	– fuxico

Os animais podem ser:

galinha-d'angola	frango	pinto
sardinha	trilha	bagre
cágado	preá	pombo
peixe	galo	
sapo	caramujo	
corvina	camarão	

CÂNTICOS E REZAS DE ẸBỌ

1 – AO PASSAR PIPOCAS E BOLAS DE FARINHA:
   Àjẹ́ ilé jẹ o wa
   Àjẹ́ ilé jẹ o wa
   Bi'kú àjẹ́ bo àjẹ́
   Àjẹ́ ilé jẹ o wa

2 – AO PASSAR O *ÈKURU*:
   Sọ sọ sọ èkuru
   Gbó kú nu(n)
   Ọ̀sá èkuru

3 – AO PASSAR O *AKARAJẸ*:
   Sọ sọ sọ èkuru
   Awa de
   Ọ̀sá èkuru

4 – AO PASSAR O FEIJÃO-FRADINHO:
   Ewe'we o
   Ọdẹdẹ pọn
   Ki dẹdẹ pọn

Ki dẹdẹ pọn
Ewe'we o
Ọdẹdẹ pọn
Ki dẹdẹ pọn
Ki dẹdẹ pọn

5 – AO PASSAR A FAROFA COM DENDÊ, SALVA-SE *ÉṢÚ* E *OGÚN:*
Ògún a po fi ríri
Ògún a po fi ríri
Pàdé ọ̀na ke odo
Ògún a po fi ríri

6 – AO PASSAR O *ẸKỌ* (*ÀKÀSÀ*): 2 vezes
Babá ri bo
Bàbá ẹ̀kọ mọ kan
Wa rere
A ja ilé mọ kan
Ka rere
Bàbá ẹ̀kọ mọ kan
Ka rere
Bàbá ẹ̀kọ mọ kan

7 – AO PASSAR O *ÈGBO* A CANJICA BRANCA (2 vezes):
Bàbá ibo
Bàbá ibo mála
Òriṣa ila tala
Bo ri o
Ègbo
Tala bo ri o
Ègbo

Tala bo ri o
Ègbo

8 – PARA BATER AS FOLHAS NO FINAL DE TUDO: 2 vezes
Ewé pẹlẹ'bẹ mi t'òbẹ o
Ewé pẹlẹ'bẹ mi t'òbẹ

Òbẹ pẹlẹ'bẹ
A ku pẹlẹ'bẹ
A kaka ma ku
A ku pẹlẹ'bẹ
Pẹlẹ'bẹ mi t'òbẹ o

9 – AO PASSAR AS LINHAS, canta-se desenrolando as linhas, nos problemas de morte e nos casos de doenças sérias:
O bi Nànà ikú apa ode
Orí ko de
O bi Nàná ikú apa ode
Orí ko de

10 – *PANA(N) PARA ÉEGUN* – *Ẹbọ Ikú* é feito quando *Éegun* está perseguindo uma pessoa. Quando não houver sacrifício, só comida seca:
Ọya 'gbalẹ̀
Ọya pana(n)
Sẹsẹ ko mu nkọlọ
Ọya 'gbalẹ̀ o
Ọya pana(n)
Sẹsẹ ko mu nkọlọ o

Oya 'gbalẹ̀
Oya pana(n)
Koto koto
Alá Òdí
Oya 'gbalẹ̀ o
Oya pana(n)
Sẹsẹ ko mu nkọlọ o

11 – AO PASSAR OS OVOS CRUS PELO CORPO:
S'ara yẹyẹ mi 'sòrọ̀ngà
S'ara yẹyẹ mi 'sòrọ̀ngà
Ìyá mi 'sòrọ̀ngà
Sa gala o
S'ara yẹyẹ mi 'sòrọ̀ngà

12 – FAZER AS 7 CHAMADAS DE *ODÌ* AO PASSAR OS OVOS:
Òdí nkanka
Òdí lẹlẹ
Òdí ọ̀sá
Òdí sakẹke
Òdí kọmọ(n)
Odí kọmọjẹ
Òdí nkaka ọ̀jẹ́

13 – ỌFỌ̀ – REZA DE ENCANTAMENTO:

Mo júba pebẹ̀ ọwọ́	Eu cumprimento e peço às mãos
Mo júbà pebẹ̀ èsẹ̀	Eu cumprimento e peço aos pés
Mo júbà àtẹ́lẹ́sẹ̀	Eu cumprimento e peço à sola dos pés
Ti ko àrun.	Que não adoeçam.

14 – *EBÈ ISÉ* – SÚPLICA AO TRABALHO:
    Ògún Lákàiyé mo wá bèbè
    Láti fun mi ni isé
    Torínáà ní mo nwá sí odo re
    Jòwò gbó temi
    Kí ojú ma se ti mi
    Láarin egbé mi
    Ogún jòwó gbó igbe àti èbè mi o
    E ba mi wásé

    Ògún Lákaiyé, eu estou suplicando
    Um emprego para mim
    Por isso estou vindo à sua presença
    Por favor, ouça-me
    Não permita que eu me sinta envergonhado
    Perante meus colegas
    Ògún, ouça meu apelo e minha súplica
    Ajuda-me a procurar um emprego.

15 – REZA CONTRA OS INIMIGOS:
    Emi yio lékè òtá mi dèhin
    Dèhin léhìn wi
    Dèhin léhìn wi

    Eu serei superior aos meus inimigos
    Na frente e atrás deles
    Eu ficarei por cima e eles não me alcançarão.

16 – SAUDAÇÃO AO DIA:
    Ojúmọmọ(n) kilofẹ́ odo
    Aja òrìṣá
    Ojúmọmọ(n) bire kété
    Ojúmọmọ(n) àgò ala
    Ojúmọmọ(n)

    O dia está rompendo
    As estrelas já foram
    O dia já vem

17 – PEDINDO PERDÃO POR ALGUMA OCORRÊNCIA:
    Ògún a jẹbẹ̀ oní o
    A e A e
    A e a jẹbẹ̀
    A lẹ́sẹ òrìṣá

    Ògún, nós lhe suplicamos
    Nós lhe suplicamos
    Aos pés do òrìṣá.

NOTAS

1 – Na reza de abertura do jogo (*Mo júbà*) estender a citação dos nomes para outros ancestrais ligados às tradições do Olhador.
2 – O ajê é uma concha marinha que muitos olhadores colocam na mesa de jogo para atrair dinheiro para si próprio. É o símbolo da divindade da riqueza, *Ajé Sàlúgà*.
3 – Três pássaros são sempre citados como símbolos da boa sorte: o *Agbè*, pássaro de penas azuis, simboliza a bondade; o *Àlukò*, pássaro de penas vermelhas, símbolo das boas notícias; e o *Lékeléke*, pássaro de penas brancas, simboliza a paz. Essas três cores se identificam com as cores do *Wàji*, *Osùn* e do *Efun*, as cores usadas nos ritos de iniciação.
4 – *Àwodi* é a denominação do falcão. Na recitação das oferendas às águas, ele se revela como o pássaro das grandes alturas, e, como a galinha não voa, ela se presta melhor para o sacrifício.
5 – Qualidade de santo é o mesmo que o cognome que o *òrìsà* possui. Na maioria das vezes, são nomes para diferentes manifestações de uma mesma divindade.
6 – A utilização da preá nos ritos de *ebo*, muitas vezes, é feita após o animal ser moqueado, ou seja, ser seco sobre a grelha e transformado em pó.

7 – Para jogar búzios, a pessoa deve ter um dom natural. Deve sentir profundamente sua sensibilidade para uma perfeita harmonia entre o que vê e o que sente. Esse conhecimento permitirá uma análise segura do jogo.

8 – Ao fazer o jogo do obi para o ritual do borí, substituir a palavra òrìṣà por orí, ao jogar o obì no prato: "*Obì orí nlo owó*".

9 – A diferença mais notada entre o jogo do obì com o jogo de quatro búzios é que o obì pode vir a ser comido após o jogo, e o búzio, não.

10 – O jogo de confirmação com 4 búzios costuma ser visto pelo lado aberto manualmente tanto por homens como por mulheres.

11 – O personagem para quem o modelo do jogo com 6 jogadas foi efetuado foi o Presidente José Sarney, por ocasião do Plano Cruzado.

12 – Costuma-se dizer que o Jogo do *Ìbò* é a maneira de se fazer com que haja a participação direta do cliente. Da mesma forma, quando é feita a revelação do Odù de uma pessoa, o que é feito com segurança durante os ritos de *Sásànyìn*. São entregues *a(o) iyawó* os búzios, que, sentada(o) na esteira, ela(e) mesma(o) deverá jogá-los. Ao ser conhecido o Odù, ela(e) guardará segredo e tomará o conhecimento dos tabus e do comportamento que deverá adotar, daquele dia em diante.

13 – Martiniano Eliseu do Bonfim foi um nome altamente respeitado nos Candomblés da Bahia. Com a sua ida à África, levou cânticos baianos já esquecidos pelos africanos. Da mesma forma que trouxe novos cânticos a serem incorporados à seleção musical religiosa dos candomblés. Foi ele quem orientou Mãe Aninha a criar os Ministros de *Sàngó*, no *Àṣẹ Òpó Àfònjá*. Seu pai, Eliseu do Bonfim, foi quem trouxe o culto Egungun para o Brasil.

14 – O sistema econômico yorubá se baseava na utilização dos búzios como moeda, tendo como parâmetro 200, 2.000 ou 20.000 búzios colocados numa bolsa larga denominada Òkẹ́. A palavra *Owó* significa dinheiro, e ela é representada na contagem dos números yorubá pela duplicação da vogal que serve de prefixo aos números e mais o acento tonal agudo. Assim, *Oókan* significa 1 moeda, *Eéjì*, 2 moedas, *Ẹẹ́tá*, 3 moedas, e assim por diante. Embora o uso dos búzios como moeda tenha desaparecido, a forma para contar valores e fazer cálculos permaneceu.

Entre os povos do Congo, a unidade monetária do reino era *Nzimbu* (conchas moedas). Uma concha marisco só era encontrada nas praias da Ilha de Loanda, cuja exploração constituía monopólio real. Por isso era chamada Ilha da Moeda.

COMPLEMENTO

COMENTÁRIO CRÍTICO

Há um problema antigo referente à falta de interesse de registros da história da evolução do candomblé no Brasil. São raras as inserções sobre o assunto na literatura afro-brasileira, não havendo um trabalho específico a respeito. Sua história costuma se basear em comentários esporádicos confundidos com os fuxicos naturais e, por isso mesmo, não levados a sério.

Sabe-se que o fuxico se tornou uma instituição, e assim como provoca tensões, igualmente as resolve. São comentários que agitam e apaixonam as pessoas que fazem parte do candomblé. Tudo é motivo de comentários, observações e críticas. Surge aí o "ouvi dizer", sinônimo do boato, que se torna tão distorcido que, se for uma mentira, passa a ser verdade por força do bate-e-rebate e falatório constantes. A palavra imprudente acarreta verdadeiros desastres.

A grande fonte do candomblé são as tradições orais, testemunho transmitido verbalmente de uma geração para outra. Essa modalidade teve seus efeitos positivos, mas em grande parte trouxe riscos de distorção, omissões e esquecimento daquilo que foi transmitido. Assim, podemos entender que nem toda informação verbal é tradicional. As palavras formuladas costumam ter o poder misterioso de criar coisas que não existem, permanecendo no consciente coletivo como fatos normais e aceitos de forma absoluta. Ogans transformados em *bàbáloriṣá* sem que tenham sido iniciados para tal fim. Histórias antigas contadas de forma duvidosa, sem testemunho ocular, baseadas no conceito de credibilidade pessoal. Pessoas não-iniciadas dizendo-se feitas por pessoas já falecidas, que não podem contestá-las.

É necessário que toda a sociedade do candomblé se reformule para um perfeito funcionamento de suas instituições, compreensão de todos os seus setores de atividades, e sobretudo respeito por parte de todos os seus adeptos. A. Hampate Bâ, de Mali, especialista em tradição oral, autor de várias obras sobre antigos impérios e civilizações africanos, diz que os *Doma,* depositários da herança oral, antes de falar, dirigem-se às almas dos antepassados para pedir-lhes que venham assisti-los, a fim de evitar que a língua troque as palavras ou que ocorra um lapso de memória que os levaria a alguma omissão. Há, inclusive, uma recitação da qual destacamos alguns trechos:

> Oh! Alma de meus Mestres,
> Primeiros ancestrais iniciadores
> Vindos do Leste
> Acercai-vos e escutai-me
> Vou contar aos meus ouvintes
> Como as coisas aconteceram
> Desde vós, o passado, até nós, no presente
> Segurai firme, ó ancestrais,
> As rédeas de minha língua!
> Guiai o brotar das minhas palavras
> A fim de que possam seguir e respeitar
> Sua ordem natural
> Vou contar tal como aprendi
> Na presença de minhas duas testemunhas
> Elas serão a um tempo meus fiscais e meu apoio.
> ("A Tradição Viva", *História Geral da África*, p. 190)

～～ UM EQUÍVOCO LITERÁRIO ～～

Atualmente, vimos estendendo o nosso trabalho a uma coleta de informações e dados sobre a evolução do candomblé no Rio de Janeiro, em seus vários segmentos étnicos, e que marcaram de modo decisivo personalidades reverenciadas na lembrança coletiva. Quem foram, o que fizeram, a verdade de seus feitos e o que faltou ser revelado.

Quando os originais desta obra estavam na Editora para serem publicados, recebemos o livro *Os Caminhos de Odù,* de Agenor Miranda Rocha. Verificamos que se constituía dos escritos do autor feitos em 1928, segundo o organizador do livro, e que são exatamente as histórias que possuímos e que dão base à nossa obra. Há toda uma cronologia de atividades do autor, merecedora de todo o respeito e admiração pela sua competência religiosa.

Porém, constatamos um equívoco nas informações, pois as mesmas não conferem com a realidade, ou, pelo menos, com as informações por nós obtidas com pessoas da época, testemunhas dos acontecimentos relacionados, tanto na cronologia das atividades quanto na redação das histórias dos odù que dão título ao livro. Por esse motivo e a bem da verdade, fazemos uma reconstituição dos fatos, considerando apenas os que envolvem o nome do

Àṣẹ Òpó Afọ̀njá do Rio de Janeiro e a origem dos Caminhos de Odù, que a história revela não ser de sua autoria. (Ver o relato que fizemos na Apresentação deste livro, à página 11.)

∼∼∼ OS CANDOMBLÉS DO ∼∼∼
RIO ANTIGO

As primeiras notícias reportam-se ao final do século passado. Em 1851, a africana Rozena de Besẹm aqui chega e inicia a modalidade do culto jêje no Rio, em 1874. Alguns anos depois, em 1886, *Bamgboṣe, Ọba Saniya* e Aninha chegam de Salvador, e, no Rio, organizam um terreiro, no Bairro da Saúde, na modalidade ketu, que viria a ser o embrião do futuro *Àṣẹ Òpó Àfọ̀njá*. Posteriormente, Aninha, em sucessivas vindas ao Rio, alimenta e fortalece o *Àṣẹ* com iniciações e obrigações diversas. Na Rua Barão de São Félix, no centro da cidade, instala-se o candomblé de João Alaba de *Ọmọlu,* e na Rua Senador Pompeu, 182, é fundado o candomblé de Cipriano Manoel Abedé, em 23 de abril de 1913. Mais tarde, vindo de Salvador, Felisberto Sowser, neto de *Bamgboṣe,* cujo nome era Eduardo Américo de Souza, organiza seu candomblé à Rua Marquês de Sapucaí. Em 1920, *Megitọ* assume o candomblé de Gayaku Rozena, dando seqüência ao culto jêje no Rio.

Sobre os fatos dessa época, vamos extrair alguns trechos do depoimento gravado em 9 de novembro de 1977, por Dila de *Ọbaluwaiye,* eminente *iyaloriṣa* já falecida.

"Nasci na Rua do Riachuelo, 210, em 2 de março de 1908, e fiz o santo com 14 anos de idade, em 1922, na Rua João Caetano,

69, na casa de Cipriano Abedé (...) meu avô por parte de mãe era pejigam de Ṣangó, Miguel Afonsekoloanu, e por parte de pai era Aṣolabi, africano (...) e *Eruosanyin*. No meu tempo só havia três candomblés: a falecida Rozena, João Alaba, e meu pai, Cipriano Abedé... Conheci Abedé pelos meus avós. Ele era filho de Ogunjọbi e o pai de *Oduduwa*. Recolhi sozinha, e do meu tempo já estavam lá *Ọya Bumin, Maroca de Ọbaluwaiye, Paulina de Ọṣun, Tudinha de Oṣala* (...) depois de mim entrou um barco de cinco e depois entrou Santinho.* Agenor, eu acho, ele fez em 1931, porque Abedé morreu em 1933, e Santinho tinha feito no ano anterior (...) porque quando Santinho saiu do santo, após passar 1 ano, entrou um barco com dois Oṣala. Foram as últimas *iyawos* que Abedé botou (...) Santinho fez *Iyewa*, o nome que deu foi *Iyetọla*, eu criei ele na camarinha (...) quando Abedé morreu, ele tirou a mão no Gantois (...) quem tirou a mão com Aninha fui eu (...) ela, depois do aṣeṣe de Abedé, passou um tempo na Bahia, voltou e fez a minha obrigação (...) quem colheu folha foi Alberto Lobo. Minha mãe Aninha foi assistir à morte de Abedé e foi fazer o aṣeṣe (...) quem fez a obrigação foi Felisberto Sowser,** pai de Regina, porque tem orô que só homem faz (...). Abedé botava Ifá uma vez por ano em janeiro e determinava o que ia acontecer no ano (...) era também Olọsanyin e sabia fazer feitiço com a folha (...). Minha mãe Aninha me dizia que Abedé não dava nada para ninguém, e que fazia as coisas escondido para ninguém aprender, por isso ela me raspou novamente..."

---

* Santinho era o nome pelo qual ficou conhecido Agenor Miranda Rocha nos meios do candomblé.
** Felisberto Sowser, também conhecido pelo nome de Benzinho.

A CONFUSA LIGAÇÃO COM O ÀṢẸ ÒPÓ ÀFÒNJÁ

As referidas declarações revelam a posição exata de cada um dos personagens citados a mim com outras que ouvimos no decorrer de nossa participação no *Àṣẹ Òpó Àfònjá*, junto a pessoas mais antigas e atuantes no período inicial de suas atividades. No livro em questão, a condição de ser o *oluwo* específico do *Àṣẹ Òpó Àfònjá* incorre em erro de interpretação do organizador do livro, pois não há nenhum registro neste sentido para cargo de tão grande importância, bem como a iniciação feita na Ladeira da Praça, em Salvador, em 1912, quando, a partir de 1910, o terreiro já estava fundado e apto para as iniciações. No livro *Axé Opo Afonja*, de Deoscoredes M. dos Santos, nada encontramos a respeito do cargo e da iniciação, pois a voz corrente sempre dita por pessoas de época, como Alberto Lobo *Olọsanyin*, confirma o depoimento anterior, o qual é retratado no estudo feito pela *Revista Dédalo*, Separata nº 24, de 1985, SP., sob o título "Uma Casa de Xango no Rio de Janeiro", de Monique Augras e João Batista dos Santos, este Ogan do *Àṣẹ*, p. 52:

"Aninha volta logo em 1930 para o Rio de Janeiro, passando a morar na Rua Alegre (atual Felipe Camarão 23-A); lá, conhece novos amigos, que viriam a desempenhar importante papel no funcionamento do terreiro, entre os quais o *Professor Agenor Miranda, Babalaô, filho-de-santo do velho Abedé*".

Mais adiante, verificamos o seguinte relato:

"Antes de partir para a derradeira viagem, Mãe Aninha chamou as filhas mais chegadas e distribuiu os cargos (...) 'Você, Paulina (esposa de Abedé), fica com *Agripina para jogar os búzios, quando ela precisar, foi para isto que te ensinei (...)*'."

Esses relatos transcritos na *Revista Dédalo* são os que correspondem ao registro oral do terreiro e devidamente repassado nos comentários internos quando o assunto é ventilado. A seqüência dos acontecimentos revela ainda que a pessoa que ficou responsável pelo jogo, *Paulina de Oṣun*, afastou-se da função a que foi designada, e Agripina ficou só no cargo de *iyaloriṣa*. Posteriormente, viria a ser auxiliada por outras *iyaloriṣa* que, por sua vez, se radicariam no Rio, como *Amanda de Omolu* em 1959, e *Regina de Yemoja*, filha de Benzinho, e *Davina de Obaluwaiye*, que aqui já se encontravam. A participação de Agenor na tarefa do jogo surgiu após esse período.

Outros equívocos podem ser enumerados, e acreditamos tratar-se de erro na organização da cronologia dos assuntos que envolvem o *Àṣẹ Òpó Àfònjá*. O primeiro é quanto ao jogo feito para a sucessão de Agripina e posse de *Cantulina de Ṣango*. O jogo, na realidade, foi feito por Menininha do Gantois por determinação de *Ṣango*, conforme carta da própria Menininha datada de 10 de março de 1967, e que se encontra nos registros do Terreiro, dos quais destacamos um trecho: "... Xangô se apresentou e disse que ele continua sendo o dono da roça e está de pé acompanhado de Oxalá, que Cantulina ficará sendo a zeladora porque se ela se afastar, ele não ficará satisfeito, então todos se preparem para uma guerra com ele... Todos os filhos darem um obì com água à cabeça seguida de comida seca para todos os santos... fazer um amalá bem grande e um ebô nos pés de Oxalá". E mais, quando da ida de Cantulina para Salvador, o cargo foi ocupado por *Regina Lucia de Yemọja,* filha-de-santo apenas de Cantulina, e não de Agenor Miranda.

∼∼ OS RELATOS DE ODÙ ∼∼

Em nossa obra afirmamos que a origem dos relatos pertence ao Àṣẹ de Bamgboṣe, o que entra em choque com o autor em questão. Talvez possa ser cópia ou transcrição, mas não autoria. A obra *Os Caminhos de Odù,* na realidade, é parte de um estudo sobre a forma de jogar búzios. Nos manuscritos originais que nos foram entregues na época são vários os assuntos tratados. Inicialmente a explicação sobre os Odù e suas Fecundações, com a história e origem de cada um. A seguir o significado dos caminhos, de forma resumida, para uma consulta rápida (ver pág. 145) segue uma orientação na forma do Jogo do Ìbò, alguns exemplos de combinações de caídas, e, por último, as narrativas de todos os Odù e seus caminhos.

∼∼∼ O LEGADO DEIXADO ∼∼∼
POR VERGER

A necessidade do esclarecimento identificado com a verdade dos fatos foi a base principal do trabalho deixado por Pierre Verger a toda a nossa gente. A literatura da época, quando aqui aportou, estava entregue a pessoas identificadas com outras ciências e outras religiões. Pôs em questão inúmeros autores pelos erros nas informações e conceitos já tidos como definitivos. Dizia ele que, em suas pesquisas, pôde constatar que as informações prestadas, muitas vezes de forma descuidada, por pessoas respeitáveis criam uma tradição aparentemente lógica, porém enganadora. O perigo dessa documentação é o de ela servir de base para outros escritores e estudiosos sem que seja posta em dúvida a sua autenticidade. Em outras palavras, é a opinião de quem escreveu primeiro, a seguir passando aos outros, e depois copiando sem se importar se estão bem fundamentadas.

Verger jamais se negou a criticar este ou aquele autor por informações inverídicas, com base em suposições perigosas que alteravam de modo significativo as tradições estudadas. Ele mesmo deixou-se levar por esse tipo de informação duvidosa, escrita com inteligência, mas com base enganadora e falsa. Em 1953, publicou juntamente com Roger Bastide, na *Revista do Museu*

Paulista, Vol. VII: 357-80, um estudo sobre o sistema de adivinhação praticado em Salvador, Bahia, tendo se utilizado, na época, das informações de Arthur Ramos, através de suas diferentes obras. Posteriormente, na republicação do mesmo assunto em *Olóòrişà, Escritos sobre a Religião dos Orixás,* Editora Agora, 1981, no final do artigo Verger se corrige, dizendo que não aceitaria mais citar, com a mesma confiança que em 1953, as fontes de informações retiradas de Arthur Ramos, compiladas de outros autores.

A ação fiscalizadora de Verger o fez viajar constantemente no eixo Salvador-África, para conferir afirmativas consideradas definitivas, corrigindo autores e suas idéias, muitas delas consideradas absurdas, pois, como dizia, se deixavam influenciar pelos conceitos religiosos e de interesses pessoais. Na *Revista Religião e Sociedade,* n.º 8, 1982, Verger faz uma crítica feroz a dezenas de autores com as deformações reveladas pela falta de probidade científica. Provando tudo o que criticava, levantou uma questão importante sobre o pesquisador que apenas deseja provar teorias preestabelecidas, mesmo entrando em confronto com a verdade dos fatos.

Uma leitura atenta ao artigo citado e a toda a obra de Verger se faz necessária para entendermos a necessidade do cuidado extremo daquilo que chega às mãos para ser lido. Teorias pessoais não devem ser confundidas com verdades absolutas. Deve-se impedir que escritos duvidosos sirvam de referência e ponto de partida para outros trabalhos, dando continuidade a falsas informações. Mesmo bem redigidos e apresentados de forma inteligente, terão a oportunidade de contaminar e desinformar as tradições ainda conservadas nos meios não-eruditos, podendo servir de exemplo o livro que deu margem a esse Comentário Crítico de nossa obra.

~~~~ RESUMO ~~~~

1 – Gayaku Rozena de Besen, nascida na África, chegou ao Brasil em 1851, já iniciada. Funda o Terreiro *Podaba,* na nação jejemahin, em 1874, que passa a funcionar no bairro da Abolição, no Rio. Seu nome iniciático era *Adapan Noeji-Akisi-nobawu.* O primeiro *pejigan* da casa era avô de Dila, denominado *Afonsekoloanu,* e a avó, *Dandan Nueji.* Rozena faleceu aproximadamente em 1920.

2 – *Mejito,* cujo nome civil era Adelaide dos Santos, também conhecida como Donotinha. Era de *Vodunjo,* e o oruko, *Zevode.* Foi iniciada com 7 anos de idade, em 1891. Sucedeu Rozena e fez dois barcos. Muda o *Podaba* para o bairro de Coelho da Rocha, à Rua Cecília, mantendo o culto jêje no Rio. Faleceu aos 71 anos. *Natalina de Òsun, Esintoinde,* iniciada em 1946, continua a tradição, então no rito nagô-vodun.

3 – *Dila de Obaluwaiye Afomon* é iniciada por Abedé em 1908, na nação ketu. Com a morte de Abedé, tira a mão com *Aninha Oba Biyi* e posteriormente com *Mejito,* que abre sua casa de santo.

4 – Cipriano Manuel Abedé vem ao Rio em 1886 e organiza o Terreiro de Culto Africano, em 1913, à Rua Senador Pompeu, 182, e depois à Rua João Caetano, 69. Tinha um cargo no *Agbo*

de Ọṣọọsi, no Engenho Velho, e faleceu em 1933, aos 101 anos de idade. *Marocas de Ọbaluwaiye* herdou o *Ògún* de Abedé e, quando esta faleceu, ficou nas mãos de Agenor Miranda.

5 – Eugenia Anna dos Santos, conhecida como *Aninha Ọba Biyi,* nasceu em 1869, filha de africanos da nação Grunci. Passou a infância no candomblé Alaketu. Foi iniciada aos 17 anos, e, em 1886, vem ao Rio com *Bamgboṣe* e *Ọba Saniya,* organizando um terreiro no Bairro da Saúde, que viria a ser o embrião do futuro *Àṣẹ Òpó Àfọ̀njá*. Volta a Salvador e depois retorna em 1890, para dar continuidade ao que foi organizado. Faz diversas viagens Rio-Salvador, com sua gente, efetuando várias iniciações. Em 1910 organiza o Terreiro de Salvador. Em 1935 entrega o comando do Terreiro do Rio a *Agripina de Souza, Ọba Deiyi*. Retorna a Salvador, falecendo em 1938. Foi a mais expressiva personalidade do candomblé de seu tempo.

6 – Felisberto Sowser, conhecido como *Benzinho de Ogun,* era iniciado por uma das filhas-de-santo de seu avô *Bamgboṣe* e tinha candomblé em Salvador e no Rio, à Rua Marquês de Sapucaí, e depois na Rua Navarro, no Catumbi. Uma de suas filhas, *Regina de Yemọja,* feita ainda criança por uma das filhas-de-santo de Felisberto, tem candomblé no Rio.

7 – Cantulina Garcia Pacheco, conhecida como *Mãe Cantú de Aira Tọla,* nasceu em 1900 e foi iniciada por Aninha em 1936. Por ser neta carnal de *Ọba Saniya,* era merecedora de todo o respeito, tendo Aninha lhe dado o cargo de *Iya Ẹgbẹ,* mesmo antes de sua iniciação, pois dizia que ela era a dona natural do *Aṣẹ,* conforme depoimento gravado por *Alberto Lobo, Zinsi,* em 1978, que tinha o cargo de *Ọlọsanyin do Aṣẹ Opo Afọnja.* Sucedeu Agripina na direção do *Aṣẹ* do Rio a partir de 1966, conforme determinação de *Ṣango,* através de jogo feito por

Menininha do Gantois. Em 1989 retorna a Salvador por ordem de seu *orişà,* deixando em seu lugar *Regina Lucia de Yemoja,* sua primeira filha iniciada no *Aşe.*

8 – Agenor Miranda Rocha, embora iniciado, se deteve na maior parte das vezes na função de responsável pelo jogo de búzios. Era filho-de-santo de Cipriano Abedé, iniciado em 1931. Quando Abedé faleceu, Agenor tinha menos de dois anos de feito, e tirou a mão no Gantois. Sua carreira de *Olúwo* é plena de significados, agindo com extrema competência na solução de disputas, sucessões e principalmente no auxílio aos muitos zeladores-de-santo que sempre o procuram para decisões de alta importância.

BIBLIOGRAFIA

Agradecemos às entrevistas e observações feitas com Babalorìṣà, Iyalorìṣà e Babalawo, entre eles, Wanderley Ifáṣinà(n) e Ronaldo de Òsàlá, cujos subsídios foram importantes na elaboração desta obra.

Abimbọla, Wande – *Ifa: An Exposition of Ifá Literary Corpus*. Ibadan, 1976.
Bascon, W.R. – *Ifa Divination Communication between Gods and Men in West Africa*. Indiana University Press, 1969.
Beniste, José – *Ọrun Àiyé, O Encontro de Dois Mundos*. Bertrand Brasil, Rio de Janeiro, 1997.
Beniste, José – *Mitos Yorubá – O Outro Lado do Conhecimento*. Bertrand Brasil, Rio de Janeiro.
Binon, Gisele Cossard – "A Filha de Santo", in *Olóòrìṣà*, São Paulo, 1981.
Braga, Julio – *O Jogo de Búzios*. São Paulo, 1988.
Fitzherbert Andrew – *Poderes Psíquicos*, Bertrand Brasil, Rio de Janeiro, 1991.
Hupsel Dewey, Nivaldo – *Adivinhação – Boletim Secneb nº 3 no prelo*. Salvador, 1989.
Lepine, Claude – "Os Estereótipos da Personalidade do Candomblé Nago", in *Olóòrìṣà*, São Paulo, 1980.
Maupoil, Bernard – *La Geomancie ancienne à la Côte des Esclaves*, Paris, 1947.
Prandi, Reginaldo – *As Artes da Adivinhação*, SP.
Simpson, George E. – *Yoruba Religion and Medicine*. Ibadan, 1980.
Simpson, George E. – *Yoruba Religion & Medicine in Ibadan*. Ibadan, 1980.
Verger, Pierre Fatumbi – *Orixás*. Salvador, Corrupio, 1992.

Os demais autores consultados estão citados no contexto do livro.

Este livro foi composto na tipografia
Times New Roman, em corpo 12/15, e impresso em
papel off-set no Sistema Digital Instant Duplex
da Divisão Gráfica da Distribuidora Record.